Suzanne Hardy

NOS CHAMPIONS

Pour simplement apercevoir un arbre, il est recommandé de se mettre à son pas. Regarder pousser un arbre à croissance lente et s'en exciter sont des passions tranquilles. Cela s'appelle s'attacher, s'enraciner, se trouver beau dans l'immobile. Voilà pourquoi tant de beaux arbres passent totalement inaperçus, invisibles aux yeux humains qui courent, qui ne sauraient les réfléchir ou les apprécier si ce n'est dans le dessein de les abattre pour les mettre en marché. L'arbre prend de la valeur avec le temps.

BOUCHARD, Serge. *De la fin du mâle, de l'emballage et autres lieux communs*

Les arbres remarquables de la capitale

COMMISSION DE LA CAPITALE NATIONALE
Québec

BERGER

Catalogage avant publication Bibliothèque et Archives nationales du Québec et du Canada
Hardy, Suzanne, 1958-
Nos champions : les arbres remarquables de la capitale
Comprend des réf. bibliogr.
Publ. en collab. avec : Commission de la capitale nationale du Québec.
ISBN 978-2-921416-77-1

1. Arbres champions - Québec (Province) - Québec, Région de. 2. Arbres historiques - Québec (Province) - Québec, Région de. 3. Arbres champions - Québec (Province) - Québec, Région de - Ouvrages illustrés. I. Commission de la capitale nationale du Québec. II. Titre.

SD383.3.C3H37 2009 582.1609714'47 C2009-940928-3

Pour l'ensemble de nos activités d'édition, nous recevons
l'aide financière des gouvernements du Canada (Programme d'aide au développement
de l'industrie de l'édition et à la chaîne d'approvisionnement) et du Québec (Programme
d'aide aux entreprises du livre et à l'édition spécialisée et crédits d'impôt).

**Cette publication a été réalisée à l'initiative
de la Commission de la capitale nationale du Québec.**

Direction des publications : Denis Angers
Chargée de projet : Hélène Jean

Édition : Aline Côté
Infographie : Danny Casavant
Révision linguistique : Richard Lavallée
Photographie : Marc Hardy (M.H.), Suzanne Hardy (S.H.), Claire Morel (C.M.)
Cartes géographiques : Services de géomatique de la Ville de Québec, de la Ville de Lévis et de la Communauté métropolitaine de Québec, et Micro-forêt (cartes des repères GPS).

Éditions BERGER
1233, route 112, Austin (Québec) J0B 1B0
Téléphone : (450) 297-1344 • Télécopie : (450) 297-2020 • (877) 276-8855
info@editionsberger.com • www.editionsberger.com

Dépôts légaux : 2009
Bibliothèques nationales du Québec et du Canada
Bibliothèque nationale de Paris et ministère de l'Intérieur de France

ISBN 978-2-921416-77-1

Canada : **Prologue**, 1650, boulevard Lionel-Bertrand, Boisbriand (Québec) Canada J7H 1N7
Téléphone : (450) 434-0306 • Télécopie : (450) 434-2627 • (800) 363-2864 • www.prologue.ca

France, Belgique et Luxembourg : **D.G. Diffusion Livres**, ZI de Bogues, 31750 Escalquens, France • Téléphone : (05) 61-000-999 • Télécopie : (05) 61-00-23-12 • www.dgdiffusion.com

Suisse : **Servidis**, Chemin des Chalets, CH-1279, Chavennes-de-Bogis, Suisse
Téléphone : (022) 960-95-25 • Télécopie : (022) 776-63-64 • www.servidis.ch

Afrique française : **Action pédagogique pour la formation et l'éducation (APEF)**,
Angle rue El Ghadfa & rue Jilali Tajeddine, Mâarif 20100, Casablanca, Maroc
Téléphone : 212 (0) 22-23-12-22 • Télécopie : 212 (0) 22-23-15-19 •
www.actionpedagogique.com

Imprimé au Canada
1 2 3 4 5 IMP 2013 2012 20011 2010 2009

Avant-propos

Toute une vie à étudier et à illustrer les arbres et leurs plus petites structures botaniques, à parcourir les régions du Québec pour en débusquer les spécimens les plus remarquables ! Or, c'est à Québec, la ville qui m'a vue naître, que s'est développée ma passion ; aussi est-il juste que le territoire de la capitale nationale soit le premier sur lequel je publie mes données. Une passion, oui, mais pas celle du collectionneur qui soustrait ses trésors au regard des autres : j'ai simplement la compréhension que tout, dans la nature, est interrelié, et le désir que cette sensibilité devienne commune et collective.

Depuis des temps immémoriaux, les arbres grandioses revêtent un caractère sacré et inspirent une profonde vénération. Que ce soit le ginkgo en Asie, le chêne en Europe ou le séquoia en Amérique, qu'on soit chez les Celtes, les Mayas ou les Mésopotamiens, les civilisations ont toujours fait des arbres remarquables les symboles les plus puissants de leur imaginaire collectif. De la forêt des Carnutes à celle de Brocéliande, on rend jugement sous leur dôme feuillu, on les associe à la genèse du bien et du mal, on leur fait soutenir la voûte céleste ou réconcilier la terre et le ciel. Tantôt ils mettent à l'abri des esprits, tantôt ils ont des vertus curatives, bref de l'arbre à paroles au sapin de Noël, les arbres ont toujours fait partie de notre psyché.

Les arbres font aussi tellement partie de notre paysage rural et urbain qu'on oublie à quel point ils sont de fidèles compagnons de nos quotidiens. Ne dit-on pas l'Arbre de vie ? Que serait une journée de canicule sans le couvert d'une canopée ? Comment deviner la force du vent en hiver ? Aussitôt la maison plantée, ne plante-t-on pas un arbre ? C'est aujourd'hui qu'il faut le protéger, pour qu'il soit le champion de demain.

L'inventaire des arbres remarquables répertoriés au fil de mes pérégrinations n'a de sens que s'il suscite une responsabilisation, une conscience du rôle indispensable des arbres dans le maintien de notre biodiversité, et de l'importance de cette biodiversité pour l'équilibre de nos écosystèmes naturels et urbains. Si j'arrive à faire naître le goût de mieux connaître ces grands seigneurs de notre paysage urbain, à donner la juste mesure de leur valeur, à susciter un élan pour leur protection par de meilleurs entretiens, des tailles plus saines, voire des parrainages, ce sera mission accomplie. Tout ici est fait pour faire ressortir l'exceptionnel des décors qui embrassent notre capitale et que nous oublions trop souvent d'embrasser à notre tour.

Suzanne Hardy

Remerciements

Je ne pourrai sans doute pas citer ici tous ceux qui m'ont soutenue au fil des ans, tous ces organismes citoyens, municipalités et grandes entreprises qui m'ont confié des mandats avec la conviction que la protection des arbres remarquables valait qu'on y consac re des ressources.

Je vais donc commencer par le commencement et remercier mon père, qui est photographe et à qui l'on doit d'admirer quelques arbres magnifiques dans ce livre ; je tiens aussi à saluer ma mère, elle qui encore et toujours sait m'encourager et me guider. Tous deux méritent ma reconnaissance, car ils sont à la source de mon amour de la nature ; ils ont été les premiers à m'accompagner dans mes aventures en ornithologie, en botanique, en dessin naturaliste et en photographie.

Mes premiers remerciements vont tout naturellement à Christian Sommeillier, responsable des parcs et espaces à la Commission de la capitale nationale du Québec. Il est en quelque sorte mon père spirituel, car c'est avec lui que j'ai fait mes premières classes dans le domaine des arbres remarquables, et il a toujours encouragé mes travaux avec une grande élégance d'esprit et de cœur. J'en profite pour saluer aussi toute l'équipe de la Commission de la capitale : le directeur des communications, Denis Angers, qui a cru en mon projet ; Hélène Jean, chargée de projet, qui l'a soutenu de toutes les forces de sa conviction et de sa compétence ; Annik Cassista, dont la diligence dans la recherche iconographique est toujours fort précieuse, et Maryse Pineau, coordonnatrice aux aménagements extérieurs.

Comment ne pas accorder une place toute spéciale à Claire Morel, qui m'accompagne depuis près de 20 ans dans cette aventure, qui a co-fondé Enracinart avec moi et qui m'honore de son amitié. Dans nos expéditions en région comme dans les méandres de la capitale nationale, Claire a toujours su capturer de sa caméra les spécimens les plus difficiles et les éléments botaniques les plus menus en adoptant les angles et les points de vue que j'espérais ; elle a toujours su traduire en images la vision des arbres que je tenais à diffuser, alliant à la fois justesse, précision et sens artistique. Difficile de mesurer pareille complémentarité qui se bâtit au jour le jour au fil des collaborations !

Pour ce genre d'ouvrage, il faut réunir deux types d'expertise, qui ont en commun d'exiger une grande minutie et une bonne dose de patience : la recherche historique et les travaux d'inventaire sur le terrain. Aussi je m'en voudrais de ne pas reconnaître la recherche réalisée par Alexandre Bouchard, historien, et Amélie Marceau, étudiante ; les conseils de Denyse Légaré, historienne de l'art et de l'architecture, et de Hélène Michaud, de PHAR ; enfin, le travail de Christine Jean, rédactrice. Pour ses travaux sur l'historique du mouvement mondial de reconnaissance des arbres remarquables et son assistance aux inventaires, un grand merci à Valériane Champagne. Mes autres collaborateurs aux travaux d'inventaire des arbres remarquables sont : Monique Bhérer, Valérie Brillant-Blais, Léonce Therrien, Augustin Lantin et Marie Bonneau. Enfin, j'ai aussi été secondée en bureautique par Lyne Moisan ; cette aide ponctuelle a souvent fait toute la différence.

Table des matières

Chapitre 1
Introduction

L'amour des arbres
Un livre à la fois sérieux et ludique qui donne le goût de faire les efforts nécessaires pour comprendre les arbres.

Ce livre n'est ni un livre de nomenclature, ni un traité de botanique, ni un catalogue des variétés sur le marché, mais il emprunte à tout cela. Nos champions ont fait l'objet d'un travail d'identification sérieux, la nomenclature a été harmonisée aux plus récentes classifications, l'étymologie des noms de genres et d'espèces y est démystifiée, et le vocabulaire botanique reçoit suffisamment d'attention « pédagogique » pour qu'un lecteur motivé plonge au cœur du sujet sans se perdre. Le livre se termine par des suggestions de randonnées encourageant le lecteur à aller prendre un contact personnel avec les arbres remarquables de la capitale.

Pour mieux les protéger
Protéger les arbres est une responsabilité collective, sinon le développement n'est pas véritablement durable.

Cockburn, James Pattison (1779-1847). *La ville de Québec, vue de la galerie de M. Percival*, 1828 (C-012549) Source : Archives nationales du Canada

Pas de secrets non plus quant à nos visées. Partout dans le monde, au fur et à mesure qu'on prend conscience des dangers de l'envahissement des écosystèmes naturels par le développement industriel et l'étalement urbain, on sent le besoin de mieux protéger les arbres ayant un caractère exceptionnel. Les initiatives privées ont souvent devancé, forcé ou accompagné les initiatives publiques ; malheureusement, les inventaires sont rarement suivis des mesures de protection appropriées. Il est vrai qu'on fait souvent porter le fardeau de la destruction des arbres aux promoteurs ou aux villes et villages qui fixent les règles du développement urbanistique et de l'abattage des arbres. C'est sans compter avec les citoyens qui font abattre leurs arbres à cause de leur grosseur ou de leur âge, craignant de les voir causer des dommages, sans savoir que le risque est infime pour un arbre sain, ni ce que représente cette grandeur ou cet âge pour cet arbre. Il y a tant à connaître !

Diversité et précaution
La diversité des arbres, si riche il y a moins de deux siècles (bien visible dans l'œuvre de Cockburn), doit nous inciter à l'application du principe de précaution.

Parfois, un arbre centenaire est loin d'avoir donné sa pleine mesure ; le pin cembro, par exemple, ne se reproduit qu'après 50 ans ; l'abattre avant, c'est anéantir ses efforts et toutes les générations suivantes ! Au Québec, on a de très vieilles pruches qui, à 450 ans, se sont mises à fructifier comme de jeunes mamans... Vous avez un tilleul à petites feuilles de 200 ans ? Qu'à cela ne tienne, il atteint 800 ans dans les meileures conditions ! Le propriétaire précédent a planté une épinette de Norvège ? Accrochez-vous, elle a un potentiel de 700 ans. Vous avez un marronnier d'Inde centenaire ? Dorlotez-le, c'est un âge vénérable en sol québécois, mais rien ne dit qu'il ne fera pas encore 100 ans, car un bicentenaire a été trouvé en Gaspésie, hors de sa zone de rusticité !

Il y a en outre une profusion de cas particuliers. Par exemple, les espèces pionnières sont réputées coloniser les espaces vacants, pousser rapidement et s'éteindre au bout de 75 ans en moyenne; pourtant, notre beau bouleau à papier, tout pionnier qu'il soit, n'atteint sa maturité que vers 70 à 80 ans et meurt parfois passé 200 ans. Autre cas de figure: la pruche du Canada est capable d'hibernation; eh oui, elle cesse toute croissance, s'il le faut durant 200 ans, pour permettre à ses aïeules de terminer leur cycle de vie, avant de s'élancer vers un ciel enfin libre; elle peut donc être à la fois jeune dans son développement et vieille en âge. Parfois aussi, les apparences sont trompeuses: le joli sorbier d'Amérique a une écorce écailleuse à la base du tronc qui le fait paraître vieux avant l'âge. Enfin, l'orme champion représenté sur la couverture (il suffit de le comparer à la taille des promeneurs qui passent dessous) est gigantesque et très vieux, mais il est jugé sain pour l'instant, alors que d'aucuns pourraient le croire dangereux à cause de la maladie hollandaise de l'orme qui sévit au Québec.

Trop vieux ou pas? La question est de taille, car il n'est pas rare qu'un spécimen dépasse l'espérance de vie ou la taille homologuées, et de beaucoup. Certains écarts entre l'âge moyen et l'âge record sont à peine croyables: le mélèze d'Europe a une espérance de vie de 500 ans, mais des sujets de 2000 ans existent: quatre fois plus! Ajoutons que les âges homologués n'ont de validité que pour le moment où l'inventaire est réalisé. En effet, partout, les âges moyens ou records ont tendance à diminuer, d'inventaire en inventaire, signe évident qu'on ne laisse plus aux arbres le temps de grandir. À force de les abattre trop tôt, on perd de plus en plus la possibilité d'apprendre tout ce qu'ils sont en mesure de nous offrir quand ils manifestent leur plein potentiel.

On ne dira jamais assez notre interdépendance aux arbres et notre responsabilité face à eux. Nos arbres captent des polluants, séquestrent le dioxyde de carbone, offrent gîte et protection à la faune, protègent les sols de l'érosion, augmentent la valeur marchande des propriétés, tout en procurant mille et un plaisirs pour nos sens. Tout cela, nos champions le font depuis des centaines d'années; patients malgré les outrages du progrès, ils sont les témoins silencieux de nos activités après avoir été témoins de celles de nos ancêtres. Il n'en

Laissons aux arbres le temps de grandir!

Würtele, Fred C. *Beauport - Avenue Royale*, octobre 1897. Source: BAnQ

Cuvelier, Léonce. *La croix de chemin à Beauport, Québec*, vers 1939. Source: BAnQ

Dans l'arrondissement de Beauport, la maison Laurent-dit-Lortie sur le chemin Royal (au fond sur l'aquarelle de Cuvelier et sur la photo), a été construite en partie au XVIIe siècle. Elle était flanquée d'un des plus spectaculaires ormes d'Amérique de la région. L'orme a connu le monument de la Tempérance inauguré en grande pompe en 1841 par le fameux curé Chiniquy (au premier plan à droite). Avec un orme situé en face, il formait une voûte au-dessus du chemin Royal. Notre orme est mort au cours des années 1990. Le propriétaire des lieux a longtemps conservé debout un tronçon de son tronc patiné. Peut-être hésitait-il à se départir d'un témoin privilégié des générations précédentes!

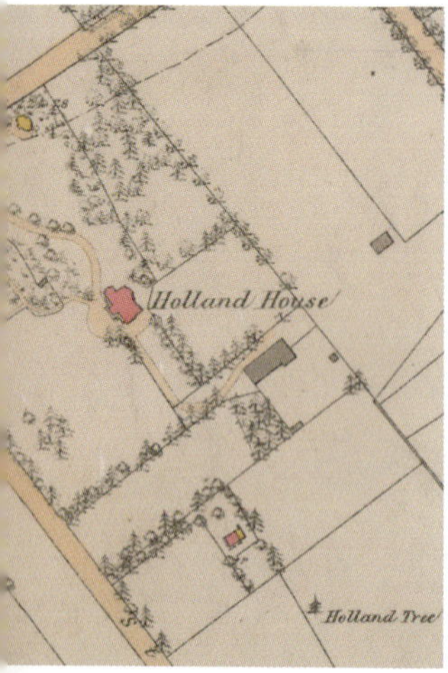

Auteur inconnu. *Anse de Sillery, 1864* (P600, S4, SS2, D362_Quebec_1864_67_feuilleIV_plan9). Source : BAnQ

Dès les débuts de la colonie, les cartes militaires et civiles indiquent les arbres, soit comme points de repère stratégiques, soit pour délimiter des propriétés. On voit ici la carte du domaine appartenant au major Samuel Johannes Holland (1728-1801). Arpenteur général de la province de Québec en 1764, il a cartographié sa propriété au 4/8e d'un pouce ! Il s'était aménagé au centre un cimetière privé où devait reposer ses cendres et celles sa famille. L'enclos, entouré d'un mur solide, était ombragé d'un pin majestueux devenu légendaire : le Holland Tree !

Un soutien professionnel
Sachant que l'abattage d'un arbre imposant réduit la valeur d'une propriété de 10 à 20 %, on devrait considérer les coûts de son entretien comme un investissement et choisir un arboriculteur professionnel accrédité (SIAQ). Un bon réflexe serait de s'adresser à Enracinart pour des conseils ou des signalements.

tient qu'à nous de leur permettre d'accompagner la vie de nos enfants et de nos petits-enfants. Nos interventions sur les arbres de notre capitale, a fortiori sur nos arbres remarquables, devront toujours être motivées et guidées par la santé de nos arbres et le désir de conserver nos champions avec nous le plus longtemps possible. Lequel protéger, lequel soigner, lequel abattre ? Cette décision, et son application, devrait toujours être l'objet d'une démarche rigoureuse auprès de spécialistes, surtout dans le cas d'arbres remarquables.

Détruisons d'abord quelques idées reçues. Les racines ne brisent pas les fondations des maisons, car elles sont dans le premier mètre du sol, et les arbres vieux ne tombent que s'ils sont malades ou ont des défauts de structure, pas du seul fait de leur grand âge. Pour garder son arbre en santé, il suffit de faire attention de ne pas endommager les racines : ni les déterrer, ni les briser, ni trop les enterrer, car elles sont le siège des échanges gazeux avec l'air et le sol. Le compactage du sol a le même effet : il raréfie l'oxygène dans le sol et retarde la pénétration de l'eau. Inutile de dire que, lors des randonnées dans la capitale, il faudra éviter de piétiner le sol autour de nos champions ! Autre idée reçue : les arbres cicatrisent d'eux-mêmes. Non, toute blessure, où qu'elle soit, ouvre la porte aux agents pathogènes : l'arbre érige une barrière chimique pour se protéger, mais plus il est gros et âgé, moins il a de réserves d'énergie pour endurer les blessures. Imaginez les dommages causés par un élagage radical ou un étêtage ! C'est proprement meurtrier. Cela modifie le port de l'arbre et le fragilise face aux intempéries, sans compter que cela le défigure et lui fait perdre sa valeur. Il faut s'en tenir à l'élagage des branches mortes ou cassées qui pourraient nuire aux parties saines de l'arbre, et laisser l'arbre nous surprendre. Enfin, rien ne contribue mieux à la santé d'un écosystème que la diversité des essences. De nombreuses espèces à petit développement viendront au secours des endroits exigus : cerisier, faux-cyprès, févier, katsura, maackia, magnolia, métaséquoia, noisetier, mûrier, paulownia, poirier, tulipier, elles se sont toutes adaptées à la région de la capitale !

Les arbres remarquables sont des héritages à transmettre. Admirons-les sans leur porter atteinte. Respectons les lieux où ils vivent et aidons à leur conservation.

Chapitre 2

Remarquabilité

Inutile de chercher le terme « remarquabilité » dans les dictionnaires courants : il n'a pas encore été consacré par l'usage dans sa forme substantive. Pourtant, il semble tout naturellement avoir été retenu pour parler des arbres, et ce, très tôt dans l'histoire moderne. En effet, les premiers arbres remarquables identifiés en France l'ont été en 1899. Le directeur général des Eaux et forêts d'alors avait remarqué l'attachement des populations à ces arbres et proposait déjà de protéger « les arbres renommés dans la contrée, soit par les souvenirs historiques ou légendaires qui s'y rattachent, soit par l'admiration qu'inspirent la majesté de leur port, leurs dimensions exceptionnelles ou leur âge vénérable ». Voilà, tout était posé. Avec le temps, la nécessité d'effectuer l'inventaire et le classement de ces arbres pour mieux les protéger a consacré le concept de « remarquabilité », désormais presque exclusivement utilisé en rapport avec les arbres; il a aussi permis de raffiner les critères de classification qui permettent d'identifier ces êtres « d'exception ».

Qu'on soit en Europe, aux États-Unis ou au Canada, les catégories générales de remarquabilité énoncées il y a 110 ans sont demeurées étonnamment stables et ont été partout adoptées. En général, tous s'entendent pour dire qu'on peut les classer en deux catégories : les critères biologiques et les critères socioculturels. Ainsi, l'âge, la taille ou la forme d'un arbre font partie des critères biologiques, alors que ses rapports avec un lieu, une communauté ou un événement historique constituent des critères de type sociologique ou culturel. Le problème avec ces catégories générales, c'est qu'elles ne sont pas vraiment opérationnelles, en ce sens que la remarquabilité dépend essentiellement de la réalité du « terrain ». Cet individu donné de cette essence donnée sur ce territoire donné est-il vraiment remarquable ? Le même individu sur un autre territoire serait-il encore remarquable ? Au Québec, un chêne de 300 ans s'approche du record de longévité, mais en France, à 600 ans, le chêne amorce à peine un déclin... qui n'entraînera sa fin que quelque 300 ans plus tard !

Pour déterminer la remarquabilité d'un arbre, il faut donc beaucoup de rigueur. Il faut faire intervenir une profonde connaissance de la vie des espèces indigènes ou introduites d'une région, établir une série de com-

Concept de remarquabilité
Un concept développé pour les arbres et réservé aux arbres.

Icônes de remarquabilité
Les icônes représentant les divers critères de remarquabilité aideront à décrire les arbres de nos randonnées du chapitre 4. Les critères relatifs à l'âge, à la taille et à la rareté sont déterminants; les autres critères s'y greffent pour ajouter à leur valeur biologique ou socioculturelle.

Âge et dimensions
Tout arbre d'âge et de dimensions exceptionnels, mesuré selon les règles internationales reconnues: à partir de comparatifs ou par carottage, et diamètre à l'épaule (1 m 40). On distingue le champion québécois et le champion régional.

Rareté et vulnérabilité
Tout arbre d'une espèce vulnérable ou susceptible d'être menacée en vertu de la *Loi sur les espèces végétales menacées ou vulnérables du Québec*, ou de la *Loi canadienne sur les espèces en péril*. Les vieux arbres s'associent souvent aux espèces vulnérables dans la protection de la biodiversité.

Vestige d'écosystème ancien
Tout arbre issu d'un écosystème ancien aujourd'hui disparu. Les conditions qui ont présidé à son existence ne se reproduiront plus, et sa mort entraînera la disparition définitive d'un bagage génétique.

parables en relation avec les écosystèmes, si bien que la validité du classement ne peut que suivre une compilation de données considérables récoltées sur le terrain. Autrement dit, la remarquabilité est toujours fonction d'un ensemble de facteurs spécifiques à un territoire et ne peut jamais faire l'objet de données objectives absolues. Par exemple, les montagnes Blanches de Californie supportent des pins de 4500 ans, la Grèce et la Sicile abritent des oliviers de 2500 ans pendant que la France protège des chênes âgés de 2000 ans. Ces longévités sont-elles seulement possibles sous nos climats, si tant est que ces espèces arrivent à pousser ici ? Le caractère exceptionnel d'une espèce indigène implantée au Québec depuis des millénaires varie aussi selon les régions ; par exemple, un chêne rouge d'un grand diamètre pourrait être fréquent dans les Cantons-de-l'Est, mais relever du miracle au nord de Sept-Îles. C'est pourquoi on considère aussi la zone de rusticité pour déterminer le caractère exceptionnel d'un arbre.

Certains critères biologiques sont étroitement liés, comme l'âge et la taille. Toutefois, le fait pour un arbre de détenir le record dans une catégorie ne lui mérite pas toujours automatiquement le qualitatif de remarquable : il peut avoir poussé dans des conditions qui ont nui à son développement ou avoir été défiguré par une taille excessive. Parfois, un seul critère suffit. Par exemple, il y a quelques années, on a prélevé, sur une île du lac Duparquet en Abitibi, une carotte du tronc d'un thuya occidental (notre « cèdre ») démontrant qu'il avait plus de 900 ans, rien de moins ! Sa taille, pourtant, n'a pas en elle-même de quoi attirer l'attention, mais cette longévité sous nos climats est en soi remarquable.

La rareté, un critère biologique découlant de circonstances particulières, constitue parfois le critère le plus important et le plus indiscutable. Par exemple, tout arbre d'une espèce indigène vulnérable ou menacée mérite d'être répertorié et protégé, car à défaut d'être remarquable aujourd'hui, il pourrait être le champion de demain. Un arbre qui réussit à croître à l'extérieur de sa zone de rusticité habituelle et qui se distingue par ses dimensions est assurément remarquable ; en revanche, une espèce exotique récemment introduite est rare sans être remarquable et pourrait même se banaliser en devenant à la mode. La rareté d'un arbre provient parfois de

Feuillu noble
Tout arbre à feuilles caduques dont le bois durable et la grande polyvalence a une importante valeur commerciale, d'où sa rareté.

Taxon rare
Toute arbre d'une famille, d'un genre ou d'une espèce botaniques, indigène ou introduit, rarement répertorié au Québec.

Excentrique Nord
Tout arbre se développant à la limite boréale de la distribution naturelle de l'espèce à laquelle il appartient.

Rare en ville
Tout arbre devenu rare en milieu urbain, souvent d'une espèce indigène incapable de surmonter le stress urbain.

À petit développement
Tout arbre atteignant rarement une grande hauteur ou largeur, souvent recommandé en milieux urbains et péri-urbains pour les espaces restreints.

Patrimoine paysager
Tout arbre qui constitue un élément structural contribuant à la valeur d'un paysage, seul ou en groupe (voûte, allée), souvent lié à une localité à forte tradition horticole.

sa place dans le temps et l'espace. C'est ainsi que les arbres issus d'écosystèmes d'origine aujourd'hui disparus sont particulièrement précieux. Comme les conditions qui ont présidé à leur naissance et à leur croissance ne se reproduiront plus jamais, ces arbres sont à toutes fins utiles condamnés à disparaître et leur mort entraînera la disparition définitive d'un bagage génétique.

Enfin, certains critères biologiques, comme la forme de l'arbre, relèvent autant de la réussite biologique proprement dite que de considérations esthétiques. Certains spécimens seront remarquables parce qu'ils représentent une forme achevée représentative de ce que l'espèce peut offrir de meilleur quand elle pousse dans des conditions optimales ; d'autres adopteront des formes excentriques par suite de conditions uniques, témoignant ainsi de leur résilience et de leur adaptabilité ; d'autres encore se prêteront au jeu des ressemblances inusitées avec des êtres ou des choses et susciteront un animisme ou un anthropomorphisme incontournables. En ce sens, il n'y a pratiquement pas de limite aux possibilités de « formes remarquables » : il y a des branches charpentières marcottées créant des arrangements fantasmagoriques, un gigantesque tronc tordu façonné par les vents dominants, une cavité naturelle formant littéralement un abri au cœur d'un tronc multicentenaire, une multiplication de troncs en forme de bouquet géant, tout peut arriver dans la nature, et tout arrive ! Pas étonnant qu'on procède par « signalements » !

L'absence d'absolu dans la détermination des critères ne veut pas dire non plus qu'il faille verser dans la subjectivité. Même si le sentiment qu'inspire un arbre a son importance, la remarquabilité ne saurait être définie par les seuls critères émotifs. Qu'un grand arbre réveille de beaux souvenirs de famille, qu'il ait été peint par un artiste ou qu'il soit une curiosité ne suffit pas, encore doit-il y avoir de la noblesse, de la distinction ; il doit susciter l'admiration, faire naître le respect, bref manifester une grandeur certaine.

En général, chacun sent d'instinct quand il est en présence d'un véritable arbre remarquable ; bien que la remarquabilité ne puisse être déterminée que par des spécialistes à partir de données objectives, l'arbre remarquable fait invariablement très forte impression.

Patrimoine horticole
Tout arbre témoignant de pratiques horticoles révolues, souvent d'une espèce appartenant à de vieilles variétés botaniques cultivées à une certaine époque.

Pittoresque
Tout arbre ayant une silhouette hors de l'ordinaire comparé aux individus de la même espèce ; souvent bien connu « des gens de la place ».

Couleur locale
Tout arbre ou groupe d'arbres, indigène ou introduit, qui a été conservé ou planté de façon particulière dans une ou quelques régions du Québec où il se retrouve typiquement.

Patrimoine historique
Tout arbre qui revêt une valeur de par son appartenance à l'histoire d'une communauté locale et de sa colonisation, qu'il témoigne des coutumes d'un groupe culturel donné, qu'il relève d'une mode horticole désuète, ou rappelle un événement ou un personnage ayant marqué la région ou le pays.

Quartier historique
Tout arbre, implanté spontanément ou planté, qui croît dans un quartier historique et contribue à sa valeur patrimoniale ou esthétique.

Chapitre 3
Genres et espèces

Rosacées

Les aubépines

C.M.

Genre *Cratægus*

Le nom latin de l'aubépine, *Cratægus*, est dérivé du grec, κραταιγοσ, qui désigne une aubépine à fleurs. Il provient de κρατοσ signifiant force ou puissance, une allusion à la dureté du bois des aubépines.

C.M.

En fin de saison, les feuilles de l'aubépine ponctuée virent au jaune clair ou se teintent de bronze ou de rouge bordeaux. Elles offrent un magnifique fond de scène à ses fruits rouge orangé ou grenat, parfois jaunes, dont la peau ponctuée a suggéré le nom de l'espèce.

Les noms français de l'aubépine et de ses fruits, les cenelles, dérivent des mots latins moyenâgeux *alba spina* et *cinum*. Les premiers explorateurs ont donc utilisé les termes *aubespine*, *épine blanche* et *senelles de buisson* pour décrire les aubépines chargées de fruits rencontrées sur leur route. Depuis, ces noms sont demeurés bien vivants dans notre langue au même titre que les cédrières à aubépines, vestige à peu près intact des peuplements forestiers des débuts de la colonie. On prend conscience de la fragilité de cet écosystème lorsque, depuis la promenade Samuel-de-Champlain, on lève les yeux vers les parois rocheuses calcaires de l'escarpement de la colline de Québec et qu'on aperçoit, s'agrippant *in extremis* à la vie, les bosquets d'aubépines entremêlés de cèdres!

À l'heure actuelle, le nombre estimé d'aubépines de par le monde varie du simple au double, entre 135 et 280 espèces. Il fut un temps, entre 1896 et 1910, où le décompte des cratægus, frôlant le millier, a atteint un paroxysme. Pourquoi tant de variations d'une estimation à une autre? Où sont donc passées, en un siècle à peine, ces centaines d'espèces que les botanistes avaient pourtant décrites et nommées consciencieusement? À l'époque, on décrétait fébrilement qu'une aubépine appartenait à une nouvelle espèce aussitôt qu'elle présentait la plus minime variante par rapport à ses consœurs. Or, on s'est rendu compte qu'il pouvait y avoir d'un plant à un autre, parfois à l'intérieur d'un même boqueteau, des variations à n'en plus finir. C'est que les aubépines se reproduisent non seulement par fécondation de leurs fleurs à l'intérieur de l'espèce même, mais par hybridation entre espèces, ce qui crée des individus possédant de nombreux caractères propres, intermédiaires entre ceux de leurs parents. Ces rejetons hybrides sont ensuite capables, et ce à l'infini, de générer par apomixie des individus qui leur sont tout à fait génétiquement identiques et qui risquent chacun d'être classé comme une nouvelle espèce à part entière. Quand on sait que ces petits arbres pionniers détestent l'ombre et profitent des habitats artificiels créés par l'homme pour proliférer, s'hybrider et se différencier en de nouvelles espèces, il devenait urgent de ramener les espèces à un nombre plus modeste. Il ne reste plus qu'à s'entendre sur le choix des véritables espèces!

C.M.

À la façon du pommier, les fleurs blanches de l'aubépine pontuée s'épanouissent sur des rameaux nains, source de son affectueuse appellation de pommetier! Comme celles des autres rosacées, ces fleurs sont pentamères, car le nombre 5 y joue le rôle de dénominateur commun : 5 sépales verdâtres réfléchis, 5 pétales blancs (rarement rosés) fugaces, 5 à 25 étamines et 1 à 5 pistils.

Aubépine duveteuse

Cratægus mollis Scheele
Downy Hawthorn

L'aubépine duveteuse est une espèce nord-américaine introduite à Québec pour l'ornementation. Ses fleurs mesurant jusqu'à 2,5 cm de diamètre sont immanquables. Elles s'épanouissent dans l'ouate de ses denses inflorescences moelleuses alors que les feuilles ne sont encore poussées qu'à moitié. Après leur fécondation, les fleurs se transforment progressivement en petites pommes en forme de poire, coiffées des vestiges de leurs sépales incisés de dents glandulaires.

C.M.

Les cenelles, d'abord duveteuses, deviennent plus tard lisses et d'un terne cramoisi agrémenté d'un éclat pourpré au moment même où les feuilles, elles aussi tomenteuses au revers, se teintent de cuivre à l'automne.

Sur les Plaines d'Abraham, on peut observer une magnifique aubépine duveteuse parmi de nombreux autres arbres fruitiers. Elle y a probablement été introduite selon les recommandations de l'architecte paysagiste Frederick G. Todd afin de compléter la collection d'espèces d'aubépines indigènes, dont l'aubépine ponctuée déjà présente lors de la création de la Commission des champs de bataille nationaux en 1908.

Aubépine ponctuée

Cratægus punctata Jacq.
Dotted Hawthorn

L'aubépine ponctuée, indigène à Québec, a longtemps fait le bonheur des grands propriétaires terriens. Il y a maintenant plus de 450 ans, Jacques Cartier était à la recherche de plantes d'importance économique : des arbres dont le bois était susceptible d'être utilisé ou des plantes productrices de petits fruits comestibles. Aussi

C.M.

Les fleurs des aubépines sont disposées en inflorescences simples ou ramifiées dont le sommet, de façon caractéristique, est aplati. Ces corymbes de fleurs très voyantes nous attirent pendant que leur odeur fétide nous repousse, comme si elles jouaient au yoyo avec nos sens!

avait-il décrit, dans ses comptes rendus d'observations, les «*aubespines qui portent fruict aussi groz que prunes de Damas*». Nul doute, Cartier avait repéré l'aubépine ponctuée : c'est la seule de notre région à produire de gros fruits. Pas étonnant que les fruits des aubépines nord-américaines aient émerveillé l'explorateur, car leurs dimensions surpassent de beaucoup celles des fruits des arbres de ce genre en Europe. De plus, les environs de la ville de Québec représentent la limite nord-est et septentrionale sur le continent nord-américain de la distribution naturelle de l'aubépine ponctuée. Cette limite se trouve, selon Camille Rousseau, phytogéographe, à la chute Montmorency. À cet emplacement, les aubépines ponctuées sont nombreuses à être piquées au flanc de la falaise parmi les cèdres, et leur floraison printanière est spectaculaire.

Longtemps, des spécimens d'envergure de cette aubépine ont été chéris par des propriétaires de grands domaines. Vers 1800, une de ces gigantesques aubépines régnait au jardin de la propriété de Charles Grey Stewart, située au cœur du site de la bataille de Sainte-Foy, sur le chemin du même nom, à la hauteur de l'actuelle avenue Désy. Certains croyaient même qu'elle avait vécu la sanglante bataille! Il est arrivé que l'aubépine ponctuée soit cultivée ou conservée à l'état naturel sur les propriétés ayant appartenu au lieutenant gouverneur Hector-Théophile Cramahé, vers 1762. C'est le cas du domaine de Thornhill, dont le nom était d'ailleurs inspiré de cette espèce. Thornhill, aujourd'hui disparu, était jadis situé en face du Bois-de-Coulonge à l'emplacement de l'Industrielle Alliance, sur le chemin Saint-Louis. Aujourd'hui encore, on peut observer aux alentours des rejetons de cette espèce véritablement historique. L'aubépine ponctuée existait aussi sur une autre propriété de Cramahé, Meadowbank, située sur la crête des hauteurs de Cap-Rouge. Une portion de ce terrain est devenu, en 1849, le domaine de Ravenswood, du fortuné William Herring, un amoureux de la vie rurale. Parmi les sentiers serpentant sur son domaine, Herring plantera de nombreux arbres indigènes et exotiques tout en y entretenant une aubépine déjà gigantesque! Ce n'est pas étonnant puisque l'époque se situe en plein cœur du mouvement pittoresque, qui a battu son plein à Québec entre 1830 et 1870.

L'aubépine ponctuée et l'aubépine duveteuse sont tous deux des arbres d'à peine 8 ou 9 m de haut à leur maximum, qui se développent sur un tronc distinct tortueux. Elles partagent entre elles ainsi qu'avec leurs consœurs de nombreuses similarités. Ainsi, le tronc de certaines espèces ou les tiges multiples des autres sont habillés d'une écorce divisée en bandes régulières, se détachant à leurs extrémités. Leurs denses cimes sont habituellement aplaties et se composent de branches costaudes au bois lourd et dur auxquelles est attachée une multitude de rameaux. Ces derniers appartiennent à deux types. Il y d'abord des rameaux longs, droits ou souvent zigzagants, lustrés, gris pâle ou brun orangé, couverts de pores aérifères pâles et oblongs. Ces rameaux sont armés d'épines simples ou ramifiées, lisses, luisantes, rigides et très aiguës ; ces épines, qui sont en fait des rameaux transformés, naissent chacune juste en dessous d'une feuille ou s'opposent à elle. Puis il y a les rameaux nains, semblables à ceux de tous les arbres fruitiers qui appartiennent à la vaste famille botanique des roses. Ce sont ces courts rameaux, auxquels sont fixées de grandes feuilles, qui supportent les inflorescences terminales puis les fruits des aubépines, appelés cenelles, qui ressemblent à de petites pommes.

S'il est un arbre pittoresque dans la forêt nord-américaine, c'est bien l'aubépine ponctuée. Sa silhouette d'abord, d'intérêt quelle que soit la saison, est tout à fait unique. Sa cime est faite d'étages superposés de longues branches presque parfaitement horizontales recouvertes d'une écorce gris pâle. En hiver, ses branches brillent littéralement sur fond de neige. Au printemps, ses rameaux se couvrent de feuilles vert tendre dont l'épiderme est imprimé de nervures parallèles ascendantes en relief. Le spécimen montré ici est situé sur la rue Morgan à Québec. ▾

C.M.

Aubépine Toba

Cratægus x mordenensis
'Toba'
Toba Hawthorn

C.M.

Les masses voluptueuses de fleurs doubles de cette aubépine de création canadienne imitent les pétales des roses sans que ses tiges ne se garnissent d'épines. À l'automne, son feuillage vert luisant prend une teinte rouge cuivré très décorative.

L'aubépine Toba est une variété hybride ornementale qui contribue de façon spectaculaire à l'ornementation des jardins et à la biodiversité en milieu urbain. Ses masses voluptueuses de fleurs doubles imitent les pétales des roses sans que ses tiges ne se garnissent d'épines, sauf discrètement, parfois, sur les drageons. L'évolution de la couleur des fleurs, qui passent du blanc au rose pâle puis au rose foncé au fur et à mesure qu'on s'approche du flétrissement, ne peut que susciter l'émerveillement et égayer nos mois de mai, mais surtout juin à Québec. Parfaite pour les endroits exigus, cette aubépine de petite taille est bien canadienne : elle a été créée à la station de recherche de Morden au Manitoba en 1935, d'où le nom de 'Toba' qu'on lui a attribué en 1954. Issue du croisement entre une aubépine canadienne, l'aubépine à fruits charnus (*C. succulenta*) et la variété européenne 'Paul's Scarlet' (*C. lævigata*), elle n'a été introduite commercialement que vers 1959. À cette époque, il y a un demi siècle, dame Colette Jobin-Corriveau a planté auprès de sa maison nouvellement acquise, à Limoilou, un des premiers spécimens cultivés à Québec, et il est toujours vivant.

L'aubépine Toba présente des caractères d'intérêt à chaque saison et tout au long de sa vie. Outre sa floraison qui embaume l'air d'un léger parfum au printemps, ses fruits en forme de petites pommes 'Red delicious' apparaissent dès le mois d'août et se distribuent de façon éparse sur les branches, ajoutant des petites touches de rouge ici et là ; ils sont comestibles malgré plusieurs petits noyaux et font la joie des oiseaux. À l'automne, le feuillage vert luisant de l'aubépine Toba devient rouge cuivré et, en hiver, lorsque ce petit arbre est à maturité, son tronc tordu de façon pittoresque continue d'agrémenter le décor.

C.M.

Bétulacées

Les bouleaux

Les bouleaux poussent bien dans les régions froides et tempérées et montrent une grande capacité d'adaptation aux sols pauvres, acides et humides qu'on trouve en abondance au Québec. À l'intérieur des principales zones floristiques du monde, on en compte de 50 à 60 espèces sous forme arborescente ou arbustive, soit partout en Amérique du Nord, depuis le Cercle polaire jusqu'au sud des États-Unis, de même qu'au sud de l'Europe, sur l'Himalaya, en Chine et au Japon. Plusieurs espèces de belle taille, parmi les plus nordiques, forment de vastes forêts; d'autres ont un port extrêmement rabougri et poussent à flanc de montagne à la limite des arbres.

Nos bouleaux les plus familiers sont des espèces boréales appartenant au groupe des bouleaux blancs, dont les feuilles se dessinent de 3 à 5 paires de nervures de chaque côté et dont les fruits se groupent en minces chatons retombants : le bouleau à papier (*Betula papyrifera* Marsh.), québécois pure laine puis nord-américain, et le bouleau européen (*Betula pendula* Roth), originaire de l'Europe, du sud-ouest de l'Asie et de l'Afrique du Nord. Depuis des lunes, on tente de les apprivoiser en ville afin de profiter de leurs charmes dans nos quartiers. Malheureusement, les bouleaux souffrent de plus

Genre *Betulus*
Le nom générique *Betula* provient du celtique *betu* signifiant « arbre qui reluit », une allusion à l'écorce blanche qui caractérise certaines espèces. On appelle boulaie, bouleraie ou bétulaie, les peuplements de bouleaux.

C.M.

Il y a tout lieu de croire que, sous nos latitudes, le réchauffement climatique viendra à bout des bouleaux d'origine boréale et qu'ils devront retraiter vers le nord.

S.H.

Les bouleaux se reproduisent tous grâce à des fleurs mâles et femelles regroupées en inflorescences situées à des emplacements différents sur le même arbre. Ces fleurs prennent la forme de chatons plus ou moins allongés et de couleurs variées. On voit ici les fleurs d'un bouleau noir.

en plus dans cet environnement, surtout de la canicule. Le bouleau à papier, pourtant promis à une longévité de 325 ans, a déjà subi un déclin généralisé appelé dépérissement du bouleau : petit à petit ses rameaux et ses branches s'affaiblissent, ses forces l'abandonnent. Il devient moins tolérant aux agressions des insectes, des maladies, du gel et de la sécheresse. Le groupe des bouleaux jaunes englobe les espèces dont l'écorce interne et les rameaux ont une odeur et un goût de thé des bois. Ils ont aussi des feuilles dessinées de 8 à 12 nervures de chaque côté, et leurs fruits se rassemblent pour former de dodus chatons dressés, tels des petits cônes.

La reproduction des bouleaux est unique. Les chatons mâles se développent à la fin de l'été sur les rameaux longs où, rigides et digités, ils passent l'hiver avant leur floraison printanière précoce. C'est le moment que choisissent les chatons femelles, demeurés camouflés durant l'hiver, pour s'épanouir sur des rameaux nains. Autre caractéristique : ils « pleurent » abondamment quand ils sont blessés à la profondeur des vaisseaux où circule la sève brute ; on peut donc les entailler au printemps !

Bouleau à papier

Betula papyrifera Marsh.
Paper Birch

C.M.

À cause de l'inflammabilité de sa mince écorce, le bouleau devient à son tour vulnérable aux feux qui dévastent d'interminables étendues forestières. En revanche, les trouées créées par les feux facilitent la croissance de ses rejets de racines assoiffés de soleil et, bientôt, plus rien n'y paraît.

Le bouleau à papier, indigène au Canada, croît partout au nord du continent jusqu'à la limite boréale des arbres, pendant que la portion la plus méridionale de sa distribution touche la Pennsylvanie. Il pousse dans une grande variété de sols, en peuplement pur ou mélangé à d'autres essences dont il peine pourtant à supporter l'ombre : le bouleau jaune, l'érable, le chêne rouge, le pin, le sapin baumier, l'épinette, la pruche. En forêt boréale, on le rencontre en compagnie d'espèces pionnières et amoureuses de la lumière comme lui, par exemple le peuplier et le cerisier de Pennsylvanie, avec qui il colonise rapidement les sites où il y a eu d'intensives coupes forestières ou des feux de forêts. On peut donc dire que la pression exercée sur les habitats naturels sont plutôt bénéfiques à son implantation.

Une génération naissante de bouleaux à papier deviendra mature vers l'âge de 70 ou 80 ans, mais certains individus vivront jusqu'à 150 voire 200 ans, un âge plus que respectable pour une espèce pionnière ! En Europe, où il est très vigoureux, on cultive le bouleau à papier depuis 1750 pour sa séduisante écorce ornementale. En effet, la blancheur de son écorce incite souvent les aménagistes à jouer avec les contrastes en faisant se découper un bouleau blanc devant un aménagement de conifères aux tons sombres, imitant du même coup une scène typique de la forêt boréale !

L'écorce papyracée du bouleau à papier se détache du tronc mature en minces feuillets flexibles ou frisés. Cette façon de peler est due à l'alternance des couches de petites et de grosses cellules qui la composent ; les grosses cellules étant les plus enclines à se briser sous l'effet de changements environnementaux, l'écorce se déchire à leur niveau. La blancheur de l'écorce lui vient de la brillance de ses cellules qui, entrecoupées d'espaces d'air, réfléchissent la lumière en tous sens. L'écorce du bouleau évolue jusqu'à son dernier souffle. Mince, lisse et brun rougeâtre au cours de sa jeunesse, elle prend bientôt une teinte blanc crème ou ivoire et, au fur et à mesure que le tronc prend de l'expansion, les nombreux feuillets de l'écorce se détachent et dévoilent

C.M.

Telle une peau patinée par les ans, l'écorce crevassée s'épaissit considérablement au fil des ans, puis se fragmente en segments rugueux et irréguliers, formant un rhytidome liégeux noirâtre à la base de leurs troncs bedonnants !

C.M.

C.M.

Bouleau

À l'attrait du bouleau à papier s'ajoutent les longues lignes transversales créées par les lenticelles qui encerclent son tronc de façon discontinue et prennent en charge la respiration du tronc. Ci-contre, le magnifique spécimen de l'arrondissement Beauport. ◂

L'écorce blanche et lisse des beaux jours du bouleau à papier s'exfolie sa vie durant en bandes relativement larges, découvrant son écorce interne devenue noire au contact de l'air. On comprend mieux le phénomène en observant ce champion d'autrefois. ▸

S.H.

Constituée de cellules liégeuses sucrées, l'écorce interne rouge orangée du bouleau à papier l'isole des grands froids tout en étant imperméable, d'où son utilisation pour les canots d'écorce.

C.M.

la couleur rouge ou orangée de l'écorce interne. C'est cette écorce interne colorée qui enrobait la surface la plus exposée à l'eau des fameux canots d'écorce légers fabriqués par les Amérindiens. La construction de ces canots d'écorce impliquait l'utilisation de nombreuses essences qu'ils vénéraient : la charpente du canot était construite en thuya, puis recouverte d'écorce renversée de bouleau, elle-même cousue à l'aide des plus fines racines de mélèze. Les autochtones utilisaient ensuite la gomme de pin ou de sapin, qu'ils avaient récoltée, bouillie et mélangée à du suif, pour étanchéiser leur embarcation. Le tour était joué !

Bouleau jaune

Betula alleghaniensis Britt.
Yellow Birch

Le noble bouleau jaune a été choisi arbre emblématique du Québec en décembre 1993. C'est l'explorateur botaniste français, André Michaux, né sur la ferme de Satory dans le Grand Parc de Versailles, qui a introduit le bouleau jaune en France, en 1800. Quelques années plus tard, en 1803, il le décrit pour la première fois dans son ouvrage : *Flora Boreali Americana.* Cet honneur est mérité pour le plus grand des bouleaux de l'est du Canada, amoureux des pays froids aux longs hivers. C'est en forêt méridionale québécoise, sur les sols riches et humides, parfois marécageux, que lentement croissent les plus nombreux bouleaux jaunes. Souvent mélangés aux érables à sucre, ils constituent un écosystème forestier typique, l'érablière à bouleau jaune. Assez tolérante à l'ombrage projeté par autrui, cette espèce se fond timidement à la vaste forêt environnante où elle peut vivre très longtemps, associée à d'autres arbres au feuillage caduque ou persistant : hêtre à grandes feuilles, tilleul d'Amérique, pruche du Canada, sapin baumier, pin blanc, épinette blanche et épinette rouge. Son âge record au Québec se situerait entre 290 et 490 ans. Visiblement, le bouleau jaune ne se comporte pas avec le clinquant de son frère, le bouleau à papier, qui s'empresse toujours de coloniser les endroits récemment dénudés, même sous un soleil de plomb.

C.M.

Le bouleau jaune est présent parmi nous et dans notre langue dès les premiers jours de la Nouvelle-France. Les premiers colons l'appelaient « merisier », car ils associaient l'apparence de sa feuille à celle de la feuille du merisier des oiseaux (*Prunus avium* L.), une espèce indigène en France.

S.H.

C.M.

Bouleau

Le bouleau jaune géant ci-contre pousse sur le mont Wright.

C.M.

C.M.

Tenant à un fil, l'écorce liégeuse des bouleaux jaunes les soutient dans leur vieillesse. Cette écorce rigide est aussi inflammable que l'amadou, si bien que les Amérindiens s'en servaient pour allumer leurs feux !

Toutefois, la façon originale de se reproduire, de croître et de vieillir du bouleau jaune, a vraiment de quoi séduire. À partir de 15 ans, à la fin de septembre, et presque chaque année, des écailles se détachent de ses strobiles dressés, ce qui libère les innombrables petites et très légères nucules biailées qui abritent chacune une graine. Au cours des mois suivants, charriées par le vent d'automne ou glissant sur la neige glacée, les semences voyageront sur de longues distances parfois. Et peu importe où elles atterriront, que ce soit sur un sol vidé de sa substance par des années d'agriculture intensive, ou dans un coin de pays grillant sous le soleil parce qu'il a été complètement dénudé par l'exploitation forestière, ou encore dans le confortable lit de mousse d'une sombre forêt, ces semences germeront sur le champ, ou presque.

Acrobates, spécialistes des situations impossibles, des plantules au parfum de thé des bois naissent même de graines nichées dans la mousse d'un rocher d'une lointaine origine, planté au beau milieu de la forêt. Elles deviendront bientôt de jeunes bouleaux, puis de grands arbres, plongeant leurs racines vers le sol jusqu'à ce qu'ils l'atteignent, tandis qu'ils trônent confortablement, à califourchon, sur leur bloc erratique ! Mieux encore, et particulièrement lorsqu'ils sont en forêt vierge, là où on a laissé les arbres tranquillement vivre et mourir, des bouleaux naissent parfois sur les vieux billots couchés de leurs défunts ancêtres et les étreignent de leurs racines en signe d'interminables adieux. Puis, au fil des ans, les vieilles bûches vont complètement se désintégrer et retourner au sol toute la fertilité qu'elles lui avaient dérobé. Les racines servant d'échasses se nourriront aux rejetons bouleaux jaunes de tous âges, qui semblent dorénavant curieusement suspendus dans le vide. On peut observer de tels « bouleaux qui marchent sur l'eau » à l'intérieur des peuplements âgés de plus de 300 ans du Parc de la forêt ancienne du Mont Wright situé dans la municipalité des Cantons-Unis de Stoneham-et-Tewksbury.

Enfin, au soir de leur vie, de très vieux bouleaux jaunes demeurent parfois debout, tels des somnambules, pendant que se déroule pourtant rondement la décomposition de leur bois, pour finir par ne tenir que par leur écorce subéreuse qui se rigidifie de plus en plus.

Bouleau noir

Betula nigra L.
River birch

C.M.

La feuille dentelée du bouleau noir le distingue des autres bouleaux et facilite son identification botanique.

Le bouleau noir a une prédilection pour les sites ensoleillés ou légèrement ombragés. Sa feuillaison est tardive, mais l'observateur ne perd rien pour attendre, car ses jolies feuilles dentelées caractéristiques lui donnent un air délicat et prennent une belle couleur jaune à l'automne. Il a de jolies feuilles dentelées, d'où son surnom vernaculaire de « bouleau à feuilles dentelées ». Son écorce, de couleur variable, se teinte de noir et s'exfolie en lambeaux frisés.

D'une hauteur de 15 m, son port ovoïde ou pyramidal s'élargit avec l'âge. Son tronc court se divise souvent à la base pour prendre l'apparence de beaux bouquets. Le bouleau noir préfère les sols humides et acides, mais il survit en sol sec.

Bouleau pleureur

Betula pendula Roth.
European White Birch

C.M.

Les feuilles du bouleau pleureur se reconnaissent au fait qu'elles sont glutineuses dans leur jeune âge et qu'elles arborent une forme losangée, dont la base a l'air d'un coin.

Tout comme le bouleau à papier, le bouleau pleureur est une espèce pionnière qui fuit la compétition. Originaire d'Europe, il se place en altitude, bien à l'abri de la concurrence, parfois jusqu'à 2000 m. En Amérique du Nord, c'est le bouleau le plus communément cultivé, et il réussit, parfois, à s'échapper de la culture. Son nom spécifique lui vient du latin *pendulus* (suspendu), en référence à ses fins rameaux retombants. On l'appelle aussi *verrucosa*, qui fait allusion aux petites protubérances verruqueuses résinifères qui recouvrent ses rameaux.

On distingue le bouleau pleureur, dont la cime est étriquée, à ses rameaux souples et pendants de couleur rouge, à la fois luisants et remplis de verrues. À l'opposé, le bouleau à papier se pare de rameaux ou de petites branches fermes et ascendantes, lisses et un tout petit peu velues. Leurs feuilles aussi diffèrent, car contrairement au bouleau pleureur, les feuilles du bouleau à papier ne sont jamais collantes et ont une base arrondie ou tronquée. Avec l'âge, toutefois, nos jumeaux se ressemblent de plus en plus comme si ces deux frères se retrouvaient après un long séjour, de part et d'autre de l'Atlantique. Leur écorce s'exfolie leur vie durant, en bandes étroites chez le bouleau pleureur, en bandes plus larges chez le bouleau à papier, découvrant leur écorce interne devenue noire au contact de l'air. Partout où l'expansion du tronc a déchiré leur fine peau claire, les bouleaux se sont couvert de moustaches ou de chevrons noirs aux arêtes des branches et de noirs losanges, gros yeux et sourcils froncés, là où ils avaient été blessés.

Bignoniacées

Les catalpas

C.M.

Genre *Catalpa*

Les catalpas sont particulièrement appréciés pour leurs fleurs. Leur nom provient de *kutuhlapa*, qui signifie « une tête avec des ailes » en langue muskogean. Ce sont les autochtones du sud-est des États-Unis qui ont ainsi baptisé le catalpa, en référence à la forme de ses fleurs.

James Pattison Cockburn (1779-1847). La villa Sheppard à Woodfield (Québec) (C- 003251). Source : Archives nationales du Canada.

Il existe sur terre une douzaine d'espèces de catalpa : dix sont présentes aux Antilles, en Asie orientale et au Tibet, alors que deux espèces seulement sont américaines. Le catalpa a toujours exercé une certaine fascination sur les humains. En Chine, il a longtemps figuré parmi les quatre principales essences d'arbres importantes « aux yeux » des dieux. On les cultivait aux environs des temples où on les plaçait de façon stratégique.

Tant aux États-Unis qu'au Canada, on cultive un peu partout les deux espèces américaines : le catalpa du sud (*Catalpa bignonioides*) et le catalpa à feuilles cordées (*Catalpa speciosa*). Plutôt méridionales et peu rustiques, ces espèces se trouvent ainsi soumises à des conditions beaucoup plus froides que celles qu'elles affrontent habituellement sous leurs cieux d'origine. Imaginez : elles poussent à l'état naturel à Tallahassee, en Floride, et à La Nouvelle-Orléans ! Pourtant, les catalpas font inévitablement partie de l'histoire de la culture de l'arbre à Québec, car on les y fait pousser depuis longtemps ! Peut-être, à une certaine époque, les gens étaient-ils moins frileux à l'idée de cultiver des plantes exotiques ? Quoi qu'il en soit, le premier à se lancer dans l'aventure a été William Sheppard, fondateur de la Literary and

Historical Society of Quebec, marchand de bois, propriétaire du domaine de Woodfield et naturaliste passionné. En 1829, Sheppard publiait dans les documents (*transactions*) de la Société un texte commentant les descriptions des végétaux du jésuite Pierre-François-Xavier de Charlevoix dans son *Histoire de la Nouvelle-France*. Sheppard révélait alors qu'il cultivait lui-même sur son domaine le plus méridional des catalpas, celui que le jésuite avait décrit sous le nom de bignonia à feuilles de Rocou (*Catalpa syringæfolia*). Sheppard mentionnait aussi que son catalpa devait inexorablement redémarrer une nouvelle vie, à tous les printemps, après avoir gelé jusqu'au sol en hiver. À la même époque, la pépinière du Jardin botanique de S. Guilbault & Cie de Côteau-Baron, à Montréal, vendait des arbres de cette même espèce. Peu après, vers 1895, les célèbres Auguste Dupuis de la Pépinière des Aulnaies et Sir Henri-Gustave Joly de Lotbinière emboîtaient le pas en cultivant tous deux, sur leurs domaines respectifs, le *Catalpa speciosa*, le plus rustique, avant de l'introduire à Québec lors de la Fête des arbres. Cette tradition osée s'est poursuivie pendant que d'autres notables cultivaient aussi le catalpa, comme si cela faisait chic de défier les rigueurs du climat. Au début du XXe siècle, il y avait du catalpa sur les nombreuses propriétés de Henry Ross Burroughs, protonotaire, dans le quartier de l'avenue des Érables développé par son père Edward, également protonotaire.

C.M.

Les catalpas jouissent d'une luxuriante frondaison, car ils se recouvrent de cascades d'énormes feuilles vertes en forme d'as de pique renversé. Ce sont de torrides amoureux des grandes villes. Ils n'y craignent absolument rien : ni la chaleur et ses îlots, ni les sols infertiles ou durs comme du ciment, la pollution atmosphérique ou la fumée des usines non plus. Heureusement qu'on a osé tenter la culture de cet arbre exotique sous nos latitudes, car de beaux spécimens existent toujours à Québec.

Catalpa à feuilles cordées

Catalpa speciosa (Warder) Warder ex Engelm.
Northern Catalpa

On a intégré le catalpa à feuilles cordées à la forêt urbaine de grandes villes américaines, dès 1779. Cette espèce et sa sœur, le catalpa commun, sont dotées d'une vitesse de croissance phénoménale, ce qui réjouit les gens qui souhaitent reverdir en un temps record certains décors désolants. Cet atout a un revers : leur bois est très peu dense et éminemment cassant. Sous le verglas ou dans la tempête, le catalpa se brise en mille morceaux et sa vie vire au cauchemar. Ainsi, d'un cataclysme au suivant, le catalpa recommence sans cesse sa vie tel un « château de cartes ». C'est le plus courageux des arbres ! Tandis que le saule est inconsolable, le catalpa jamais ne se laisse abattre…

Le catalpa tente toujours de se refaire une beauté, même après avoir perdu de nombreuses branches. En effet, il a une façon bien à lui de camoufler ses imperfections, que ce soit ses branches primaires endommagées, son tronc

Les feuilles du catalpa à feuilles cordées se développent tardivement ; aussi le croit-on parfois mort gelé durant l'hiver. C'est mal connaître sa résilience ! Bientôt, son feuillage d'abord rabougri se pointe, puis notre arbre se couvre illico de feuilles vert pomme en forme de cœur coiffé d'une longue pointe ; ces dernières tourneront parfois au jaune or à l'automne, avant de tomber d'une seule traite.

éventré, ou ses milliers de rameaux éclatés : il se drape de ses énormes feuilles pouvant atteindre 30 cm, en prenant soin de concentrer son feuillage à l'extrémité de ses rameaux attachés à ses branches noueuses. Roi de l'entourloupette, il habille d'un vert manteau toute sa périphérie, active sa photosynthèse et nourrit secrètement sa renaissance sous sa verte coquille. Inlassablement, il se renouvelle, produisant les nombreuses nouvelles pousses qui regarnissent son squelette, sauvant ainsi les apparences. Il finit toujours par nous impressionner par son magnifique port pyramidal et pittoresque. Bref, il semble toujours s'en sortir indemne.

Vers le 10 juillet, à Québec, survient la somptueuse floraison du catalpa à feuilles cordées, plus de trois mois après celle de la Louisiane qu'on observe vers le 4 avril. Un décalage peu commun pour une même espèce !

Catalpa commun

Catalpa bignonioides Walt.
Southern Catalpa

Le catalpa commun présente aussi des fleurs chiffonnées, blanches et voyantes, en forme de trompette. Leurs cinq pétales soudés à la base en un tube qui s'évase deviennent les lobes crépus des lèvres de leur délicieuse embouchure ! Ses fleurs de 3 à 5 cm de diamètre ressemblent comme deux gouttes d'eau à celles de son frère nord-américain, mais elles sont plus petites et la coloration lavande et doré de leurs mouchetures est plus prononcée que chez les fleurs du catalpa à feuilles cordées ; elles sont également plus nombreuses à se regrouper en des capitules plus volumineux. C'est pourquoi on dit la floraison du catalpa commun supérieure à celle de son frangin. Peu importe, ces deux espèces visiblement s'aiment et se retrouvent souvent côte à côte en milieu naturel, se fécondent mutuellement et bientôt s'entourent d'une ribambelle de rejetons présentant des caractères intermédiaires aux deux espèces. D'ailleurs, il se peut fort bien qu'une grande partie des catalpas cultivés dans les villes nord-américaines soit en fait d'origine hybride.

Revenons au creux des fleurs du catalpa commun : leur gorge tachetée, griffée de larges stries jaunes, de même que leur parfum de fruits mûrs indiquent la route aux pollinisateurs. Après leur passage, les stries des fleurs virent au rouge orangé : l'entrée en est désormais interdite ! Elles se transforment ensuite en fruits d'une apparence insoupçonnée : ce sont de longues capsules cylindriques mesurant entre 15 et 40 cm, attachées par groupes de 1 à 5 fruits, dodelinant parfois durant plusieurs mois, suspendues à leurs rameaux. À l'intérieur, elles contiennent de nombreuses graines plates dont les ailes, à chaque bout, sont garnies de barbes argentées.

Les feuilles des catalpas sont également un objet de curiosité. Souvent, elles se font face, de part et d'autre des rameaux robustes auxquels elles s'accrochent. Mais parfois, elles se distribuent en étages composés de trois feuilles, appelés verticilles. Toujours très grandes et terminées en pointe, les feuilles du catalpa commun n'atteignent pas l'envergure de celles du catalpa à feuilles cordées et leur pointe est plus courte. Chez ces deux espèces, la forme en cœur des feuilles vert pomme est parfois encochée d'une, deux ou trois grosses dents comme si un monstre les avait croquées ! À leur revers, elles sont très velues et portent des glandes pourprées à l'aisselle des nervures. Chez le catalpa commun, la couleur pourpre teinte également en surface les feuilles duveteuses lors de leur débourrement tardif. Si, plus tard, s'efface le duvet, l'odeur nauséabonde caractéristique du feuillage froissé de cette espèce persiste, ce qui la distingue du catalpa à feuilles cordées. Comme quoi, reconnaître les arbres commande parfois un bon nez !

S.H.

Les grosses fleurs chiffonnées, voyantes, blanches, tachetées de jaune et de pourpre, du catalpa à feuilles cordées évoquent celles des orchidées. Imaginez le cattleya au corsage de la belle Odette de Crécy, l'impossible amour de Swann !

C.M.

C'est dans une cour de l'avenue des Jésuites à Québec que l'on peut observer ce catalpa (*Catalpa sp.*)

Catalpa

Fagacées

Les chênes

S.H.

Genre *Quercus*
Le nom du genre botanique des chênes vient d'un nom latin résultant de la contraction de deux mots celtes *quer* et *cuez*, qui signifient respectivement « par excellence » et « arbre ». C'est une superbe façon de nommer les nobles chênes !

À l'échelle planétaire, les chênes sont représentés par 600 espèces différentes. En Amérique du Nord, on estime leur nombre à 208 essences indigènes. Plus de 150 d'entre elles poussent à l'état naturel au Mexique seulement ; c'est pourquoi ce pays est considéré comme le point d'origine de la différenciation des espèces nord-américaines. Nombre d'arbres de la famille des fagacées, comme le châtaignier et le hêtre, ont un feuillage persistant, et nos espèces boréales tendent à les imiter. Aussi n'est-il pas étonnant que nos chênes conservent obstinément leurs feuilles mortes l'hiver durant, et jusqu'au printemps suivant (feuilles marcescentes).

Ces rois de nos forêts sont des plus faciles à identifier. Chaque fois qu'on croise des végétaux ligneux avec des glands aux branches ou au pied, à coup sûr il s'agit de chênes ; ils sont les seuls à produire ce type de fruits. Les glands sont des noix lisses au bout pointu, nichées au creux de coques ou de cupules dures, coriaces et texturées. Selon les espèces, la fréquence des récoltes abondantes varie entre 2 et 6 ans. Les fleurs femelles s'attachent aux pousses de l'année, et les fleurs mâles aux rameaux de l'année précédente. Chez les chênes, la floraison coïncide avec la feuillaison : les feuilles se déploient de façon alterne sur ses robustes rameaux et, souvent, c'est la nouvelle pousse qui déclenche la chute des feuilles de l'année précédente qui avaient tenu bon jusque là... Souvent de dimensions imposantes, le chêne n'a pas son égal : ses profondes racines très étalées se distribuent autour de son énorme pivot comme s'il voulait s'ancrer pour l'éternité !

Le genre *Quercus* se subdivise en deux tribus d'espèces : les chênes dits rouges et les chênes dits blancs. Chez les deux, les feuilles sont généralement de texture ferme et groupées à l'extrémité des rameaux. De façon typique, elles sont découpées de dents ou de lobes grossiers, parcourus d'une forte nervure. Dans la tribu des chênes rouges, les nervures des segments se prolongent au-delà de la bordure des feuilles en une pointe coiffée d'une soie ; c'est le cas du chêne rouge et du chêne des marais. Chez les chênes blancs, les feuilles sont découpées de lobes ronds au pourtour lisse, dont les nervures ne se transforment pas en soie à l'extrémité : c'est le cas du chêne à gros fruits et du chêne pédonculé. L'hiver, quand les chênes sont en tout ou en partie dénudés, on peut identifier à quelle tribu ils appartiennent à compter

Le chêne rouge appartient à l'histoire de Québec. Dès 1541, Jacques Cartier découvrait des chênes majestueux chargés de glands à l'embouchure de la rivière du Cap-Rouge. Bientôt, prudemment, le roi de France a interdit l'abattage des chênes, se réservant pour la construction navale cette ressource, pourtant perçue comme inépuisable alors. Ci-dessous, un chêne rouge de l'Île d'Orléans, remarquable par son allure imposante. ▼

C.M.

du moment où ils ont l'âge de produire des glands. Si un chêne porte encore ses glands en saison morte, c'est qu'il appartient aux chênes rouges. En effet, les chênes rouges sont réputés former leurs glands au cours d'une année, en fin de saison végétative, et les mûrir l'année suivante ; les branches peuvent donc porter à la fois des petits glands de l'année et des gros glands de l'année précédente. Les chênes blancs mûrissent leurs glands l'année même de leur formation et, année après année, couvrent leurs branches de leur plus récente progéniture, qui choit avant l'hiver.

Chêne à gros fruits

Quercus macrocarpa Michx.
Bur Oak

C.M.

Notre valeureux chêne à gros fruits produit ses meilleures glandées entre 35 et 150 ans. Ses glands, à moitié enchâssés dans une profonde cupule bosselée recouverte d'écailles velues, peuvent mesurer jusqu'à 3 cm de longueur, les plus gros de toutes les espèces canadiennes !

Le chêne à gros fruits, le plus répandu et le plus volumineux des chênes au Canada, est un arbre feuillu d'une imposante stature. Il présente aussi un port très particulier et une silhouette pittoresque. C'est au moment de la feuillaison qu'il se laisse le mieux découvrir : la moitié supérieure de sa cime évasée se structure autour de grosses branches tordues et noueuses, fortement ascendantes, alors que la portion inférieure de sa cime est constituée de branches presque horizontales.

Le chêne à gros fruits est apparu dans les murs de Québec au point culminant du mouvement du pittoresque qui influençait l'aménagement paysager des vastes propriétés des notables. Entre 1830 et 1840, quelques sujets de cette espèce reine ont été plantés autour de la cathédrale anglicane Holy Trinity, reconstruite au début du siècle dans le Vieux-Québec. Aujourd'hui, ils ne sont plus que trois, tous âgés de près de 180 ans... Un de leurs confrères séculaires vit paisiblement adossé à la pierre du monastère des Augustines de l'Hôpital général de Québec, et l'un de ses fils a été planté dans la cour.

Ces chênes à gros fruits risquent fort de demeurer parmi nous durant un bon moment encore, car leur essence à croissance lente, réputée « bien vieillir », atteint parfois les 300 ans. On dit même que certains spécimens âgés de 400 ans ont été surpris à glander... et à fructifier, ce qui représente le record de longévité de la vie féconde des chênes, toutes espèces confondues, en Amérique du Nord ! De plus, contre toute attente, le chêne à gros fruits semble taillé sur mesure pour la vie contemporaine et les changements climatiques, affrontant vaillamment les grands vents et le verglas, supportant la sécheresse, la pollution et la poussière des villes grâce à son feuillage au fini glacé. En fait, même si les adaptations seront rapides et forcées, le pronostic est somme toute plutôt bon pour les vieux chênes de la capitale !

Décidément, rien n'est à l'épreuve du courageux et rustique chêne à gros fruits, pas même le feu ! Son écorce ignifuge, rugueuse et cannelée, est tissée d'écailles parmi les plus épaisses chez les feuillus. Il partage ce trait avec son cousin méditerranéen, le chêne-liège (*Quercus suber* L.), ainsi que la production d'un liège dessinant les crêtes subéreuses de ses rameaux velus et zigzagants. Comprimés ou blottis contre le bout des rameaux se trouvent les bouquets de bourgeons entremêlés d'écailles étroites et lâches. Les embryons sont abrités en hiver par ces bourgeons foliaires jusqu'à ce que les feuilles émergent au printemps, atteintes de polymorphisme à la manière du peuplier grisard. En effet, chacune des feuilles diffère de sa voisine tout en présentant à peu près le même patron : la portion

C.M.

Les petites fleurs femelles du chêne à gros fruits vivent en solitaire ou en petits groupes à l'aisselle des pousses de l'année ; elles sont fécondées par le pollen des fleurs mâles formant les chatons attachés aux rameaux de l'année précédente.

S.H.

Jadis, on croyait le chêne à gros fruits confiné au sud et à l'ouest de la province, et atteignant à peine Trois-Rivières au nord. Mais au cours des années 1960, les découvertes de Dominique Doyon, spécialiste en écologie végétale, ont changé la donne. Il a recensé des chênes à gros fruits profitant de microhabitats de nature calcaire dans le comté de Portneuf, à deux pas de Québec, et dans les endroits où existent des roches de même nature. C'est donc dire que le chêne à gros fruits aurait pu croître à l'état naturel dans la région de la capitale, à un moment de son histoire géologique. Ici, on voit le spécimen fort âgé de la cathédrale Holy Trinity.

supérieure du limbe, dessinée d'un large lobe denté en éventail, est séparée de la portion inférieure de la feuille par un étranglement causé par deux sinus profonds situés de part et d'autre de la nervure centrale, un peu comme si chaque feuille avait choisi de se serrer la ceinture en période de disette ! Leur revers feutré de poils pâles contraste avec leur surface verte et luisante.

Chêne des marais

Quercus palustris Muenchh.
Pin Oak

C.M.

Le chêne des marais, comme nombre de ses congénères, est friand des sols acides. S'il plonge ses racines dans un sol trop alcalin, il souffre bientôt de malnutrition et affiche éventuellement sa mauvaise mine sous un feuillage chlorotique.

Le chêne des marais, principalement originaire du centre-est des États-Unis se trouve également dans la portion la plus méridionale de l'Ontario. Ses noms français et latin révèlent la prédilection de son essence pour les terrains humides en bordure des marais et des cours d'eau ou ceux qui sont régulièrement inondés au printemps. Introduit en Europe occidentale, au cours d'une période antérieure à 1770, il y est encore avantageusement planté en alignement, en bordure des avenues, et dans les parcs. En ville, malgré son appétit pour les habitats palustres, il présente d'indispensables qualités : la capacité de croître en sol sec et dur comme du ciment, la résistance à la pollution et aux maladies. Mieux encore, il partage avec son frère, le chêne rouge, l'avantage de la facilité de transplantation malgré la présence de sa grosse racine pivotante qui rend parfois cette opération compliquée, chez des arbres semblablement structuré. Une fois transplantés, les jeunes chênes de ces espèces jouieront, leur vie durant, d'une reprise facile après leur plantation, tels des bébés allaités dès leur naissance.

En son pays d'origine, le chêne des marais a aussi la cote puisqu'il est le plus populaire des chênes plantés en bordure des avenues. Ainsi Central Park, à New York, est devenu le havre de paix de nombreux de ces chênes. Les spécialistes de l'aménagement paysager apprécient le chêne des marais bien au-delà de son port gracieux : ses branches, dressées tout en haut, s'étirent plutôt à l'horizontale au milieu de sa cime et retombent ensuite vers le bas, à un point tel que la base de son tronc semble habillée d'une jupette. Ce vert vêtement, il vaut mieux veiller à ne pas trop l'écourter au risque de voir apparaître les courts éperons ou les branches rigides qui hérissent son tronc de façon plus ou moins esthétique ! Ces brindilles drues sont d'ailleurs à l'origine de son nom vernaculaire, « chêne à épingles ». Non seulement les feuilles du chêne des marais bruissent-elles au vent, mais elles parlent aussi ! En effet, ce chêne comme

C.M.

Sur l'avenue Pierre-Maufay dans l'arrondissement Sainte-Foy-Sillery, se trouve le chêne des marais champion de Québec, fruit d'une plantation expérimentale ou de l'audace du promoteur immobilier du coin. Non loin de là, il y a un autre arbre de ce type, à peu près du même âge : malheureusement, on l'a défiguré en lui retroussant un peu trop la jupette!

nombre de ses congénères est friand des sols acides. S'il plonge ses racines dans un sol trop alcalin, il souffre bientôt de malnutrition et affichera éventuellement sa mauvaise mine sous un feuillage chlorotique!

Chêne pédonculé

Quercus robur L.
English Oak

Le chêne et la force, morale et physique, s'expriment en latin par le même mot : *robur*. La puissance de l'association atteint son paroxysme chez le chêne pédonculé! Ce chêne appartient à la tribu des chênes blancs et au groupe des chênes rouvres, du latin *ruber* (rouge), une référence à la couleur de leur bois. Au-delà de leur valeur commerciale, les chênes rouvres jouissent d'une vénération fort justifiée, qui s'appuie sur l'âge très avancé de 1000 à 2000 ans qu'atteignent certains sujets, d'où la magie qui les entoure.

Les druides Gaulois établissaient leurs sanctuaires au cœur des forêts de chênes rouvres. Présumés abriter une divinité, ces arbres étaient aussi le lieu du culte du gui sacré quand il arrivait, ce qui était occasionnel, que le gui croisse sur eux.

Le chêne pédonculé partage de nombreuses similitudes avec le groupe des chênes rouvres, sauf qu'il ne peut croître en forêt à cause de sa soif de lumière. De ce fait, il croît plutôt isolément dans les champs de grandes plaines et des vallées fluviales. Certains quartiers des villes font donc aussi son bonheur, tel ce spécimen de la rue de Sologne dans l'arrondissement Charlesbourg ! ▸

C.M.

S.H.

Par endroits seulement, les rameaux du chêne pédonculé se couvrent de touffes de feuilles, ce qui crée des trouées dans sa cime. Chaque feuille, au pourtour découpé de lobes arrondis, est attachée au rameau par un très court pétiole qui, de part et d'autre, est bordé d'une mignonne petite oreillette incurvée.

Le chêne pédonculé règne sur un territoire couvrant presque toute l'Europe tempérée, jusqu'aux fleuves Oural et Volga en Russie. On le trouve aussi en Asie occidentale et au Maroc. Au Royaume-Uni, il fait partie depuis toujours de la vie culturelle, que ce soit dans la prose, la poésie, la peinture ou le dessin, si bien qu'on le surnomme souvent « chêne anglais ». Il participe aussi des légendes, des Chevaliers de la Table Ronde à Robin des Bois, où il s'incarne dans le gourdin du héros. Il n'est pas étonnant que les Britanniques aient amené avec eux le chêne pédonculé là où ils s'installaient, en Amérique du Nord. Des spécimens bicentenaires ont été découverts dans les Cantons-de-l'Est, dans des villages et des lieux-dits où des terres ont été cédées à des Loyalistes. Fait époustouflant jamais publié : ils réussissent à se reproduire librement et leur espèce peut maintenant être considérée « naturalisée » au Québec. À Québec, durant quelques décennies, le chêne pédonculé a été cultivé par la communauté protestante à la cathédrale Holy Trinity, là où se trouvent aussi trois chênes à gros fruits d'environ 180 ans.

C.M.

À certains égards, la silhouette du chêne pédonculé ressemble à celle du chêne rouge : ils apparaissent souvent plus larges que hauts, leurs fûts courts et massifs, souvent ramifiés, supportent leurs cimes déployées qui semblent sans flèche. Cette allure, ils la doivent à leur croissance « à l'horizontale » déterminée par des bourgeons latéraux, et elle s'accentue avec l'âge. Toutefois, le chêne pédonculé développe des branches primaires plusieurs fois coudées, alors que le chêne rouge élance son tronc droit vers le ciel. Ici, on montre le chêne rouge voisin de l'ancienne résidence du Lieutenant-gouverneur à Québec.

Même en pleine jeunesse, le chêne pédonculé ne ressemble pas au chêne rouge, proprement coiffé d'une belle cime globulaire, quasi symétrique. Au contraire, sa cime tout à fait biscornue et ajourée s'appuie sur ses branches primaires plusieurs fois coudées, se ramifiant en branches tortueuses de dimensions variables et porteuses de rameaux courts et rapprochés. Les très vieux chênes pédonculés, parfois âgés de 800 ans, possèdent des troncs habillés d'une brousse de pousses nombreuses mesurant jusqu'à 12 ou 13 m de circonférence et sont, de façon frappante, complètement étêtés. Comme quoi, le secret de la longévité de certaines créatures serait de ne pas y être « tout à fait »...

Ce sont des chênes appartenant à la variété fastigiée du chêne pédonculé qui ont été plantés en grand nombre aux abords de la Colline parlementaire et des bureaux de la Commission de la capitale nationale du Québec. Ils se distinguent par leur port très étroit qui les fait ressembler à une flamme ou à un peuplier de Lombardie.

Chêne rouge

Quercus rubra L.
Red Oak

C.M.

Le chêne rouge doit son nom à la couleur qui teinte toutes ses structures botaniques, des jeunes feuilles, que l'on voit ici au moment du débourrement foliaire, aux rameaux et aux glands de teinte brun-rouge, aux petites fleurs femelles rouges, le tout se terminant dans une apothéose de rouges spectaculaires à l'automne.

C.M.

En milieu naturel, pour chaque chêne rouge nouveau-né, il faut une production initiale de 500 glands. Imaginez en milieu urbain ! Ce ne sont pas quelques écureuils qui enterrent des glands à gauche et à droite en des sols inhospitaliers qui réussiront, par inadvertance, à favoriser la reproduction du chêne rouge !

Le chêne rouge appartient à l'histoire de Québec. Dès 1541, Jacques Cartier découvrait des chênes majestueux chargés de glands à l'embouchure de la rivière du Cap-Rouge. Bientôt, prudemment, le roi de France interdisait aux seigneurs d'abattre les chênes, se réservant pour la construction navale cette ressource, pourtant perçue inépuisable alors. Très vite, la très grande valeur pressentie du chêne rouge lui a mérité de figurer, en 1724, parmi les premières essences nord-américaines introduites en Europe. Même un siècle après la fin du régime seigneurial, la conservation du chêne rouge était encore au goût du jour chez les Québécois. En 1866, le marchand de bois John Roche est élu maire de Sillery et nomme aussitôt un constable municipal, Bernard Kelly, pour ramener l'ordre sur les grands domaines de la colline de Québec. C'est en octobre, au moment de la glandée des chênes rouges, que le constable est le plus actif ; en effet, à cette époque, les vandales causent plus de méfaits aux belles villas de Sillery quand ils s'en prennent aux fruits de leurs chênes rouges. En se souciant de protéger la vie paisible des propriétaires fortunés, on a réussi à protéger le chêne rouge et permis qu'il appartienne toujours au patrimoine vivant de Québec.

Aussi n'est-il pas étonnant que Sillery ait choisi le chêne rouge comme arbre emblématique ; ce choix lui a permis de stimuler la protection de cette essence, maintenant sérieusement en péril. Ses populations de chêne rouge et de son compagnon de toujours, le pin blanc, sont des vestiges d'écosystèmes forestiers autrefois structurés. Ces forêts anciennes étaient apparues spontanément, en prolongement de la riche érablière à tilleul, sur les sols minces, secs et acides des schistes de Sillery, sous d'arides conditions climatiques, au cours d'une phase évolutive terminale. Comme la merveilleuse recette qu'on n'arrive plus jamais à reproduire, la régénération naturelle de ces écosystèmes est impossible. Après la mort de ces derniers chênes rouges et pins blancs patrimoniaux, souvent séculaires, de notre belle ville, ces essences disparaîtront à tout jamais de notre décor…

Pourquoi est-ce impossible à régénérer ? Il suffit de voir comme la reproduction du chêne rouge est compliquée pour le comprendre. Ces arbres « attendent » habituellement 25 à 50 ans avant de produire leurs premiers glands, enrobés chacun d'une cupule bulbifère.

C.M.

Lorsque cette production finit par s'enclencher chez un chêne en santé, il peut produire jusqu'à 1 600 glands lors des meilleures années. Toutefois, même si ces glands sont apparemment fort nombreux, il y a en fait beaucoup d'appelés, mais peu d'élus!

Bizarrement, le chêne rouge non seulement se plaît bien en milieu urbain, mais il y est aussi un arbre formidable : il peut pousser durant deux ou trois siècles, pour peu que Dieu et nous lui prêtions vie! Son système radiculaire se compose d'un pivot s'enfonçant profondément dans le sol, de racines latérales fortement étalées

La ville de Québec, particulièrement l'arrondissement historique de Sillery, est la seule de sa taille à compter dans sa forêt urbaine une riche collection de chênes rouges. Cette spécificité a maintes fois été vérifiée lors d'inventaires des arbres remarquables panquébécois. Aussi n'est-il pas surprenant que ce soit à Sillery que se trouve le champion des chênes rouges de Québec, soit le sujet de la rue Du Buisson que l'on voit ci-dessus.

et de racines fibreuses peu profondes. Le tout l'habilite à supporter la circulation piétonnière et la sécheresse tout en soutirant du soi-disant sol urbain le peu de nutriments disponibles. Le feuillage ciré du chêne rouge l'immunise contre la pollution atmosphérique et l'avantage lors de canicules, car l'évapotranspiration s'y effectue modérément.

Enfin, que dire de la silhouette du noble chêne rouge ! Cette sculpture vivante au fût court, simple ou divisé, échafaude sa cime presque parfaitement globulaire depuis une ossature de grosses branches torses qui sont, de façon caractéristique, disposées à l'horizontale. Cette orientation est d'ailleurs à la source de la forte résistance des branches du chêne rouge aux avaries climatiques. Au lieu de se terminer par un bourgeon purement terminal, chaque rameau déploie un groupe de bourgeons d'où les nouvelles pousses émergent en tous sens, ce qui contribue à la symétrie et à la force du chêne rouge, ce géant aux pieds d'argile !

C.M.

Voici le champion des bouquets de chênes rouges, situé à l'Île d'Orléans ! L'âge record du chêne rouge au Québec serait de 315 ans. Étant donné sa très grande valeur patrimoniale, on doit le protéger à tout prix, tout particulièrement le bagage génétique des spécimens vestiges de l'ancien écosystème de Sillery. On peut le reproduire en pépinière, et il se laissera transplanter docilement par la suite !

C.M.

Pinacées

Les douglas

Apparus il y a 300 millions d'années, les arbres et les arbustes appartenant aux conifères, dont les douglas, sont devenus une des plus belles réussites de l'évolution du monde végétal. Ne subissant depuis que de minimes transformations, ces végétaux fascinants se sont adaptés et ont survécu aux soulèvements géologiques, aux conditions climatiques extrêmes et à la féroce compétition qui les oppose aux plantes à fleurs. Malgré leur petit nombre de 627 espèces, les conifères sont parvenus à s'implanter sur chacun des continents, que ce soit en régions désertiques, tropicales, ou aux plus hautes altitudes.

Capables de s'accommoder des sols pauvres des climats tempérés et froids, les conifères sont aussi spécialement équipés pour aller puiser le maximum d'énergie à même les faibles luminosités des latitudes les plus boréales. Les forêts denses et sombres qui composent l'immense ceinture forestière circumboréale en constituent la plus belle illustration : faites d'un peuplement sans fin de pins sylvestres, de sapins, d'épicéas et d'épinettes, cette bande traverse toute la zone boréale de l'hémisphère Nord depuis l'Eurasie jusqu'à l'Amérique du Nord.

Genre *Pseudotsuga*

Le nom *Pseudotsuga* résulte d'un amalgame bizarroïde de deux particules, soit l'adjectif grec πσευδεσ (faux) et le nom japonais *tsuga* (pruche). C'est en 1867, que l'on a créé sur mesure le nom latin signifiant littéralement « fausse pruche » pour désigner les douglas.

C.M.

Le douglas occupe parmi les conifères une place spéciale : quel autre conifère présente certains traits du pin sans pour autant posséder des aiguilles réunies en faisceaux et se couvre comme les épinettes de cônes et d'aiguilles pointues, mais dont les aiguilles aplaties et le jeune tronc couvert de résine rappellent plutôt le sapin ? On imagine aisément les problèmes taxinomiques auxquels ont été confrontés les systématiciens et leurs efforts pour associer le douglas à des conifères existants avant de se résoudre à lui créer un genre botanique à part !

Les conifères composent l'un des plus remarquables groupes de végétaux de la planète : ce sont les plus diversifiés et les plus intéressants de la Terre. Ils poussent plus vite que les feuillus et les surpassent en hauteur. Bien qu'ils sont les plus grands végétaux du monde, leur conservation est oh combien délicate !

Les douglas appartiennent à huit essences forestières de l'Amérique du Nord, du sud-ouest de la Chine, du Japon ou de Taiwan. Au Canada, il n'y a qu'une espèce indigène de douglas, le *Pseudotsuga menziesii* (Mirb.) Franco ; pour ajouter à la confusion, elle s'appelait autrefois le sapin de Douglas. Elle comporte deux variétés, également présentes à Québec, où elles ont été introduites pour l'ornementation il y a environ 70 ans : la forme côtière, le douglas vert, et sa valeureuse variante montagnarde, le douglas bleu. Ce sont les promoteurs immobiliers de la Moncalm Land Company et de la Quebec Land Company qui ont réalisé, dans les quartiers de Saint-Sacrement et de Limoilou, des plantations où se sont faufilé de précieux plants de douglas. En milieu naturel, l'exubérant douglas vert devient l'un des arbres les plus volumineux de la Terre, tandis que le plus timide douglas bleu, obligé d'affronter des conditions de croissance plus difficiles, se contente de dimensions plus modestes.

Les cônes des douglas sont constitués d'écailles coriaces arrondies entre lesquelles se prolongent de longues bractées munies de trois pointes. Chaque bractée ressemble au corps et à la queue d'une souris prise au piège ! À l'œil et au nez, on différencie les deux races par leurs aiguilles qui vivent de cinq à huit ans : les aiguilles glauques de la variété bleue dégagent une odeur forte lorsqu'on les broie, tandis que les aiguilles de la variété verte exhalent plutôt un doux parfum de pomme.

Douglas bleu

Pseudotsuga menziesii var. *glauca* (Biessn.) Franco
Rocky Mountain Douglas-fir

Le douglas bleu, la valeureuse variante montagnarde du douglas vert, s'accommode de conditions difficiles. Au Canada, il pousse dans les Rocheuses, au sud de la Colombie-Britannique, et il croît également en terrains arides et montagneux aux États-Unis et au Mexique. C'est en sol mexicain d'ailleurs, dans les monts de Las Cruces, que le douglas bleu a été découvert vers 1856 par Roezl, un horticulteur collectionneur d'orchidées originaire de la Bohème. Cette variété plutôt trapue a

C.M.

À la ville comme en milieu naturel, le douglas bleu semble fidèle à son inconstance : même si les individus poussent dans des conditions similaires, la couleur glauque de leur feuillage varie énormément. Ici, on montre un spécimen situé sur le boulevard René-Lévesque.

ensuite été, en quelque sorte, redécouverte au Colorado, en 1862. Puis on l'a introduite en culture en Europe, en 1876 et, dès le début du xxe siècle, les pépiniéristes ont commencé à créer des variétés horticoles du douglas bleu. Le douglas bleu est certes moins flamboyant que sa cousine variété côtière ; en effet, il ne dépasse guère 40 m de hauteur et 1 m de diamètre et il a une espérance de vie d'à peine 300 ans, mais il supporte mieux le froid et la sécheresse imposée par la vie urbaine. Il est amusant aussi de jauger les différences de teintes qu'il présente en examinant le magnifique écran de douglas bleus du Bois-de-Coulonge à Québec. Cette rangée qui borde le jardin des rhododendrons et des azalées est unique dans la province entière !

Douglas vert

Pseudotsuga menziesii (Mirb.) Franco
var. *menziesii*
Douglas Fir

C'est bel et bien au Canada, à Nootka Sound, sur l'île de Vancouver, que le douglas a été découvert, en 1792, par Archibald Menzies (1754-1842), un médecin naturaliste écossais qui a donné son nom à l'espèce. C'est au même endroit que Menzies a aussi découvert le cyprès de Nootka (voir Biodiversité). Originaire de la côte du Pacifique américaine et introduit en aménagement

C.M.

C.M.

Chez nos deux douglas, les cônes trappes à souris diffèrent : les cônes de la variété bleue sont plutôt ronds et plus courts que ceux de la variété verte, ils possèdent moins d'écailles et les bractées qui en émergent retroussent, parfois à angle droit, à l'extrémité.

paysager, le douglas vert, toujours vert, est le plus grand arbre indigène du Canada. Sa taille n'est supplantée que par celle du séquoia : il peut atteindre de 50 à 80 m, en moyenne, mais la hauteur record d'un spécimen est de 115 m. Son tronc varie en diamètre de 90 cm à 2 m, et son âge maximal moyen est de 500 à 600 ans, quoique certains spécimens millénaires aient été mesurés.

Le douglas vert pousse à l'état indigène sur la côte du Pacifique et de la Colombie-britannique jusqu'au Mexique. Les plus beaux sujets poussent sous des cieux où le climat est dit tempéré humide et où il tombe entre 600 et 2500 mm de pluie par année ! Ce tendre et frileux colosse est à son meilleur à des altitudes inférieures à 1000 m. Aux États-Unis, le douglas vert représente la plus importante essence au plan commercial. Elle habille les collines de la région maritime du nord-ouest du Pacifique sur des millions de kilomètres carrés. C'est aussi l'arbre emblématique de l'état de l'Oregon, là où l'Écossais, David Douglas, a cueilli les premières graines, qui ont ensuite été semées à Londres en 1826. Aujourd'hui encore, certains des arbres nés de ces semences sont debout. En France où il est introduit depuis plus de 150 ans, le douglas connaît tant de succès qu'il est en voie de naturalisation ; l'espèce participe à près du quart de l'effort de reboisement.

Cette espèce pionnière, incapable de se reproduire sous son propre couvert, est aussi dite de demi-lumière. En effet, curieusement, elle supporte l'ombrage latéral, mais exige la pleine lumière à la verticale. C'est sans doute ce qui dicte, au cours des siècles, l'évolution de sa silhouette ! Au moment de leur prime jeunesse, les douglas croissent lentement. Après tout, pourquoi se presser quand on a un demi-millénaire devant soi ! Mais bientôt, leur croissance s'accélérera au point que leurs pousses annuelles, terminées par leur distinctif bourgeon fuselé, atteindront souvent 1 à 1,5 m de longueur.

Avec les années, la canopée, formée des cimes des douglas plus âgés, s'opacifie et laisse passer de moins en moins de lumière. En réaction, les vieux arbres ne cesseront d'abandonner d'année en année leurs branches les plus basses et développeront leur allure caractéristique : les fûts cylindriques qui n'en finissent plus, depuis le sol vers leur sommet, seront dépourvus de feuillage sur une grande partie de leur hauteur, et tout en haut ils seront coiffés de leur très étroite cime aplatie.

Chez ces conifères longévifs, d'autres traits apparaissent et disparaissent naturellement en cours de vie. Ainsi, leur jeune et lisse écorce recouverte de pochettes de résine fait place, avec l'âge, à une écorce d'un brun rougeâtre foncé ou parfois de couleur pourpre sombre, cannelée de fissures très profondes séparant les crêtes liégeuses. Cette écorce atteindra éventuellement 30 cm d'épaisseur et protègera des feux de forêt les bons vieux douglas âgés de 200 ou 300 ans, les meilleurs semenciers. Pourtant, un jour ou l'autre, ces mêmes feux deviendront le nécessaire instrument de la perpétuation du douglas vert.

C.M.

En ville, la différence d'envergure des deux douglas s'estompe, et les deux conifères présentent plutôt ce qui les unit et les distingue : chaque année ou aux deux ans, lorsqu'ils fructifient, les douglas développent des cônes tout à fait uniques, suspendus tête-bêche à leurs rameaux.

C.M.

Leur cime étroitement conique sera formée d'une succession d'étages de branches, déposées année après année et disposées en cercle autour du fût. Les branches les plus basses rejoindront fréquemment le sol. Et toutes ces branches maîtresses porteront, suspendue à la verticale, une frange d'innombrables rameaux habillés de spirales d'aiguilles. ◂

C.M.

Pinacées

Les épinettes

Genre *Picea*
Dérivé de *pix* ou de *picis*, *Picea* est un ancien mot latin qui désignait un pin producteur de résine. Le genre *Picea* n'a été créé que vers 1830 par le botaniste allemand Albert Dietrich. Linné classait les épicéas, donc les épinettes, avec les pins (*Pinus*) et nommait *Pinus abies* l'épicéa commun (appellé ici épinette de Norvège). Au Québec, on nomme simplement « épinettes » tous les conifères de ce genre, mais les espèces introduites que sont l'épinette de Norvège et l'épinette de Serbie retiennent ailleurs le nom d'épicéas.

Des épinettes dans la région de la capitale, ça ne date pas d'hier ! Il y a des épinettes parmi nous depuis 10400 ans. Provenant de très anciens feux de forêt survenus à cette époque, des restes d'épinettes sous forme de charbons de bois ont été identifiés et datés par les chercheurs du Centre d'études nordiques de l'Université Laval. C'est donc dire que les épinettes n'ont pas mis de temps à envahir le territoire après le retrait des derniers glaciers il y a 12000 ans !

Apparus sur la Terre à la fin du Jurassique, il y a environ 140 millions d'années, les épicéas et les épinettes n'ont pas cessé d'évoluer et de se spécialiser, si bien que leur identification en a été passablement compliquée. Jusqu'à récemment, on croyait qu'il en existait une quarantaine d'espèces de par le monde, mais aujourd'hui on dit plutôt qu'il y a de 16 à 18 espèces, dont la moitié seraient originaires de Chine. Les épinettes ont développé une très grande variabilité tant au point de vue de la taille que de la silhouette, que ce soit entre espèces différentes ou au sein d'individus d'une même race. En Amérique du Nord, là où elles sont principalement confinées aux régions les plus froides, on en rencontre ordinairement une espèce à la limite arctique ou alpine des arbres ;

certains spécimens rabougris réussissent même à s'ancrer au beau milieu du pergélisol. Sur les hautes montagnes du Québec, ces conifères prostrés ou nanifiés — on dit qu'ils poussent en *krummholz* — ont un port fort différent de celui des épinettes de mêmes espèces qui se développent dans des conditions plus clémentes. Il en est de même des épinettes noires des tourbières nordiques dont l'apparence longiligne diffère du tout au tout des épinettes de même espèce sous nos latitudes. Cette « faculté » des épinettes de développer différentes races ou clones est facilitée par leur propension naturelle à se multiplier végétativement par marcottage, d'où leurs nombreux cultivars horticoles.

M.H.

Les strobiles femelles évoquent plus particulièrement les fleurs à cause de leurs écailles charnues, brillamment colorées de pourpre ou de vert, étalées et réfléchies pour faciliter la pénétration du pollen (ici, ceux d'une épinette blanche). Au moment de la fécondation, ils se dressent fièrement sur les rameaux de l'année précédente occupant le tiers supérieur de l'arbre.

En général, les épinettes ont un port pyramidal, un tronc droit et des branches horizontales garnies de rameaux retombants dont les feuilles prennent la forme d'aiguilles variant de 6 à 25 mm. Vues transversalement, les aiguilles sont le plus souvent quadrangulaires (rarement triangulaires) alors que leurs diverses faces sont dessinées de rangées de ponctuations blanches : ce sont les stomates, de petites ouvertures permettant les échanges gazeux avec l'atmosphère. Fait d'intérêt, même si les conifères sont considérés comme des végétaux à feuillage persistant, les mélèzes et d'autres essences perdent annuellement toutes leurs aiguilles et une bonne partie des conifères ont des aiguilles de durée variable.

En matière de reproduction, les épinettes imitent le comportement des conifères. Sur le même arbre, on trouvera tantôt des strobiles mâles, porteurs du pollen, tantôt des strobiles femelles, contenant les ovules, d'aspects distincts et en des positions différentes.

Épinette blanche

Picea glauca (Moench) Voss.
White Spruce

L'épinette blanche nord-américaine pousse naturellement de l'Atlantique au Pacifique, et jusqu'en Alaska. Elle mérite le plus grand des respects. Caractéristique de la région forestière boréale, elle forme avec l'épinette noire et le mélèze laricin, le trio des essences les plus rustiques entre toutes, si bien que son aire de distribution est non seulement transcontinentale mais délimite au nord la limite de croissance des arbres. Un peu plus au nord, il n'y a plus âme d'arbre qui vive... À nos latitudes, là où des érablières et des frênaies ont été défrichées pour leurs sols fertiles, l'épinette blanche vient

C.M.

Après avoir été fécondées, les cônes femelles se referment, se lignifient et se chargent de graines. Leur lourdeur les fera pirouetter tête en bas; ils demeurent suspendus ainsi, à libérer leurs semences ailées, durant des mois à partir de la fin de l'été. L'année suivante, les cônes tomberont au sol tout d'une pièce.

C.M.

Ces jeunes pousses d'une épinette blanche démontrent bien que les aiguilles d'épinettes semblent pointer en tous sens. En fait, elles sont attachées au rameau suivant un arrangement spiralé; fréquemment aussi, elles sont plus fournies à l'extrémité des rameaux.

remplacer les arbres défunts depuis longtemps et s'associe pour la cause avec le sapin baumier. De là, elle gagne les forêts feuillues environnantes. Elle est aussi fréquemment utilisée dans les plantations de reboisement, où elle recrée la vie et réanime les déserts créés par l'homme...

Dans son jeune âge, l'épinette blanche développe une cime en flèche symétrique dont le fût très droit, qui évoque un mât de navire, est coiffé d'un sommet spiralé aigu. Pour peu qu'on laisse cette épinette développer sa forme naturelle, elle prend l'aspect d'une belle pyramide à large base à mesure que s'allongent et s'étalent ses branches inférieures presque jusqu'au niveau du sol, pendant que les rameaux se terminent par des pousses recourbées vers le haut, aux extrémités. L'élégance d'une grande dame! Curieusement, lorsqu'on s'approche tout près d'elle, on sursaute : une odeur épicée de moufette émane de ses aiguilles pointues. Celles-ci, dont la section est parfaitement carrée, ont aussi tendance à friser vers la portion supérieure du rameau et son extrémité; peu importe le côté de la branche, elles semblent avoir été peignées en brosse vers le dessus et la pointe des rameaux. Les rameaux, souvent teintés d'orangé ou de pourpre, complètement glabres ou imberbes, diffèrent des rameaux de l'épinette noire et de l'épinette rouge qui, eux, sont couverts de poils.

Selon l'*Inventaire des écosystèmes forestiers exceptionnels* réalisé par le ministère des Ressources naturelles, en 2004, on estimait les âges records de l'épinette blanche entre 205 et 325 ans, ceux de l'épinette noire entre 190 et 395 ans, et ceux de l'épinette rouge entre 190 à 285 ans, des âges plus que vénérables!

L'écotouriste aura l'occasion d'observer, au cours de ses excursions, deux cultivars dérivés de l'épinette blanche. À l'arboretum du domaine Maizerets, d'abord, il y a l'épinette blanche pleureuse (*Picea glauca* 'Pendula'). Cette variété, dont la découverte, à Versailles, est antérieure à 1867, a été très rarement cultivée en Amérique du Nord, jusqu'à ce que la pépinière Iseli, en Orégon, amorce sa commercialisation en 1992. Non loin du parc des Moulins, on pourra aussi voir une épinette naine de l'Alberta (*Picea glauca* var. *albertiana* (S. Br.) Sarg.) aux formes nettement arrondies!

S.H.

Un des plus spectaculaires spécimens d'épinette blanche de la capitale se trouve dans l'arrondissement historique de Sillery. On semble l'avoir utilisé à des fins purement ornementales, car on a laissé cette reine déployer sa traîne de pousses bleutées garnies d'aiguilles pruineuses jusqu'à ses pieds!

L'épinette de Norvège est bel et bien le conifère qu'on appelle épicéa commun sur le vieux continent. Ce n'est pas véritablement « un enfant » de la Norvège, car il n'y est apparu qu'en 500 avant notre ère, mais il y couvre aujourd'hui 37 % de la surface forestière. Son espèce, dont les origines coïncident avec celles de la Sibérie, peuplait les stations sèches du nord et du centre de l'Europe et atteignait le fleuve Oural, à l'est de son aire de distribution naturelle. En Eurasie, où certains individus peuvent s'élever jusqu'à 60 m, c'est un arbre non seulement des plus majestueux mais de grande valeur patrimoniale, car ses tons sombres ont inspiré la dénomination de la Forêt noire. Malheureusement, les pluies acides qui s'abattent sur cette région sont en train d'éteindre l'espèce à coup de millions d'arbres!

C'est d'autant plus dommage que cette espèce, sans l'action dévastatrice de l'homme, est capable de se régénérer vigoureusement par suite de la mort de ses tiges et peut vivre de 400 à 700 ans. À l'heure actuelle, le

Épinette de Norvège

Picea abies (L.) Karst
Norway Spruce

C.M.

Épinette

Ce cône a été photographié sur une épinette de Norvège de l'arboretum du domaine Maizerets, où se trouve une diversité d'espèces ligneuses d'intérêt.

Cette magnifique épinette de Norvège de l'arrondissement Sainte-Foy-Sillery est assurément la championne de la capitale, sinon par l'âge au moins par son pittoresque. Chez cette espèce, les branches ploient vers le sol puis repartent vers le ciel, si bien qu'elles se marcottent souvent, créant de véritable monstre. À voir sa robustesse, on ne devinerait pas qu'elle est le bois dont on fait les Stradivarius! ▸

C.M.

doyen des arbres de la Terre serait même une épinette de Norvège âgée de 9550 ans. Imaginez la stupeur des forestiers suédois qui l'ont découverte en 2008, à flanc de colline, à 950 m d'altitude, au milieu d'un bosquet d'épinettes d'à peine 2 m, âgées de plus de 5000 ans.

En milieu naturel, l'épinette de Norvège est très plastique : elle réussit à s'accommoder d'une variété de sols et bien qu'elle soit plus à l'aise en sols frais et bien aérés, il lui arrive de supporter un sol humide, voire tourbeux. Toutefois, elle nécessite un air humide et une forte pluviosité. En altitude, elle tolère des froids extrêmes (–40 °C) en ralentissant et en régularisant sa croissance. Le bois de ces arbres extrêmement rustiques, doté d'une résonance d'une qualité particulière, sert entre autres à la fabrication des célèbres violons Stradivarius. La grande ancienneté de sa race, combinée à sa forte polyvalence, sont à la source de la différenciation d'une centaine de variétés naturelles et de cultivars. L'épinette de Norvège est maintenant cultivé depuis cinq siècles pour une grande variété d'utilisations : reboisement des forêts, confection de haies brise-vent, transformation de sa térébenthine en vernis et en sous-produits médicinaux, arbre de Noël, spécimen d'ornement et porte-greffe pour d'autres épinettes décoratives.

L'épinette de Norvège, une essence de demi-lumière, se comporte en forêt à la manière du douglas en Amérique du Nord : avec l'âge, son fût se dénude de ses branches depuis sa base, sur la majorité de sa longueur, sa cime qui devient de plus en plus étroite semble avoir entrepris une folle et vaine course effrénée vers le paradis. Ces spécimens diffèrent passablement des spécimens plus évasés et fournis que l'on cultive plus ou moins isolément en aménagement paysager.

Sans doute le spécimen le plus connu et le plus âgé d'épinette de Norvège, encore à croître, est celui que Sir Henri Gustave Joly de Lotbinière a planté vers 1882 sur son domaine, à Sainte-Croix, un village de la région Chaudières-Appalaches. Il n'y a pas si longtemps, il avait l'air d'un gentil monstre à deux têtes hérissées d'énormes cônes, drapé de pied en cap de ses rameaux nonchalamment pleureurs. C'était une pousse retombante attachée à une branche basse inclinée qui, effleurant inopinément le sol, lui a permis de s'enraciner ; elle s'est ensuite transformée en une tige d'importance !

Au parc des Moulins, on peut observer une épinette de Norvège à peine âgée de 75 ans dont le tronc, habillé de minces écailles rougeâtres, mesure pourtant 1 m de diamètre ! En contraste, sur le même site, de part et d'autre de l'allée attenante à l'entrée principale de l'ancien jardin zoologique, se courroucent deux épinettes naines de Norvège, greffées, très touffues, au port de hérisson !

L'épinette de Serbie, ou épicéa de Serbie, est une des dernières races d'épinettes aux aiguilles planes qui poussaient sur le continent européen avant les glaciations. Véritable fossile vivant, il mérite de grands efforts de conservation puisqu'à l'état naturel, il se confine au tout petit territoire d'où il provient : une partie montagneuse des rives de la Drina, un affluent du Danube qui traverse la Serbie. Cette épinette a été découverte vers 1875 par un botaniste serbe, le Dr Pancic, et les premières graines

C.M.

Chez les épinettes, les aiguilles persistent 7 à 10 ans sur l'arbre, tournent au rouille et tombent naturellement, mais puisqu'elles ne sont pas toutes nées au même moment et ne tombent pas toutes en même temps, leur chute passe souvent incognito. Pourtant, ces pertes périodiques d'aiguilles laissent des traces indélébiles qui s'additionnent au fil des ans. Les rameaux se gravent de sillons qui séparent des segments en relief, terminés par de petites protubérances là où hier s'attachaient les aiguilles ; ces coussinets, forcément arrangés en spirale, suivent le patron du poteau de barbier !

Épinette

Épinette de Serbie

Picea omorika (Pancic) Purk.
Serbian Spruce

En général, les épinettes sont pyramidales et leur tronc droit se garnit, annuellement, d'un nouvel étage de branches horizontales, droites, et plutôt minces qui poussent pratiquement à la même hauteur. Sur ces branches se développent des rameaux courbes, souvent retombants, auxquels sont attachées des feuilles aromatiques, rigides et épineuses, les aiguilles. Carré Rochon, à Québec, on peut admirer cette épinette de Serbie qui a pu s'élancer avec grâce et sans entrave vers le ciel. ▸

C.M.

C.M.

Les aiguilles planes de l'épinette de Serbie, typiques des épinettes européennes d'avant la dernière ère glaciaire, fait la rareté de cette essence, d'où l'importance de la protéger.

expédiées en Amérique du Nord l'ont été en 1881, à l'arboretum Arnold de Boston. Sa commercialisation est attestée dès le début des années 1900, y compris au Canada où elle est plantée comme arbre d'ornementation.

Quoique menacée à l'état naturel, l'épinette de Serbie n'en reste pas moins une espèce de prédilection dans les massifs ornementaux étant donné l'élégance de sa silhouette élancée, ses branches retroussées à l'extrémité et ses jolis cônes ovoïdes bleu noir qui brunissent avec les années. Imaginez : à maturité, une cime de 5 m pour une hauteur maximale de 30 à 40 m, un port et des branches inférieures réclinées qui défient toute neige de s'accumuler ! Cependant, cette allure délicate n'a rien à envier aux arbres plus robustes car, comme le roseau, cette épinette peut essuyer les pires tempêtes et se plier aux intempéries. Enfin, le plus important, c'est que l'épinette de Serbie est très rustique, elle résiste aux températures très chaudes et très froides et elle s'adapte bien aux conditions de vie urbaines. Enfin, elle résiste à la pollution atmosphérique plus que toutes les autres espèces du genre *Picea*.

Épinette du Colorado

Picea pungens Engelm.
Colorado Spruce

C.M.

En Amérique du Nord, l'épinette du Colorado n'a d'égale que l'épinette de Norvège. De régions aux antipodes mais apparentées par le classicisme de leur forme, leur grâce et leur symétrie, elles sont toutes deux appréciées aux États-Unis en guise d'arbres de Noël.

L'épinette du Colorado est originaire d'un territoire relativement restreint au sud des montagnes Rocheuses qui comprend le Nouveau-Mexique, le Wyoming, l'Utah et, bien sûr, le Colorado; elle est d'ailleurs emblématique de ces deux derniers états. En 1862, le Dr C. Parry l'a rapportée du Colorado et introduite en horticulture. En milieu naturel, cette épinette croît souvent en bordure des torrents; elle est également capable de pousser entre 2000 et 3000 m d'altitude, là où le climat est très sec, et de se contenter de sols pauvres et pierreux. Cette frugalité à l'égard de la fertilité du sol de même que sa tolérance aux conditions étouffantes sont à la source de son succès en milieu urbain.

La force de l'épinette du Colorado réside dans ses aiguilles qui vivent durant neuf ans. Ses aiguilles raides et incurvées, de 2 à 3 cm de longueur, disposées tout autour de ses rameaux leur donnent l'apparence de brosses à bouteille. Ces aiguilles dites armées, puisqu'elles sont très piquantes, ont inspiré le nom latin spécifique de cette épinette, *pungens*, qui signifie perçant. Le parfum de résine de ses feuilles aciculaires acérées et leur teinte variant du vert cendré au vert bleuté (jusqu'au bleu poudre dans le cas d'un cultivar horticole) sont irrésistibles. On a beau vouloir à tout prix toucher les nouvelles pousses bleues de cette créature tombée du ciel, sa beauté reste inaccessible…

Heureusement, Arie Koster, pépiniériste de Boskoop, aux Pays-Bas, la Mecque en matière de création de cultivars de conifères, ne s'est pas laissé rebuté par l'aspect rébarbatif des rameaux hérissés de l'épinette du Colorado. Désireux d'accentuer toujours davantage sa coloration bleutée, il a été le premier, en 1885, à sélectionner des épinettes bleues dont la lignée porte aujourd'hui son nom. Les épinettes de Koster surprennent par leur asymétrie, qu'on attribue à leur tendance à développer des branches de longueurs diverses selon leur degré d'exposition au soleil. À comparer aux variétés contemporaines améliorées, moins inégales et d'un bleu électrique, leur bleu est plutôt intermédiaire. Dans l'arrondissement Sillery-Sainte-Foy, on constate à quel point les vieux cultivars d'épinette du Colorado, dans un processus de réversion, tendent à perdre leur fini bleuté pour reprendre la couleur vert cendré d'origine de leur espèce.

Épinette noire

Picea mariana (Mill.) B.S.P.
Black Spruce

S.H.

L'épinette noire est la plus menue et la plus sombre de toutes les épinettes. On la trouvait en abondance dans les bois marécageux de Sillery où elle se mêlait aux thuyas. Selon Jean Bousquet, de la Chaire en génomique forestière de Québec, certaines épinettes noires de la toundra se seraient même maintenues pendant près de 2 000 ans par marcottages successifs.

Les épinettes, c'est bien connu, affectionnent les sites bien drainés, mais l'épinette noire est tout particulièrement à son meilleur en milieu humide et acide, le plus souvent en région forestière boréale, même si elle s'en tire bien sur une diversité de sols. Il n'est donc pas étonnant qu'elle se soit acquis le surnom d'épinette des marais. C'est la plus sombre et la plus menue de toutes les épinettes. Tantôt, elle se marcotte naturellement et colonise la mousse dans laquelle s'enracinent ses vigoureuses pousses. Tantôt, à la façon des pinèdes grises, elle apparaît à la suite de feux de forêt, dont la chaleur suffocante est nécessaire à l'éclosion de ses cônes et à la libération de ses semences.

Bientôt, à perte de vue, des milliers d'épinettes noires peupleront divers sites, dont le plus mystérieux est sans doute le muskeg. C'est l'habitat des épinettes lilliputiennes qui, sans jamais toucher terre, croissent parmi la mousse de tourbe et les carex sur des îlots flottants de matière organique vivante ou en décomposition, au beau milieu d'un réseau de lacs et d'étangs. Ces épinettes noires, parfois déjà âgées, hautes comme trois pommes et maigrichonnes, portent des cônes fructifères sur de rares branches situées au sommet d'un tronc d'à peine 60 à 90 cm.

Dans la capitale, l'épinette noire a longtemps fait les beaux jours des bois marécageux et des savanes de Sillery en compagnie de l'érable rouge (*Acer rubrum* L.). Elle se mêlait au cèdre (*Thuja occidentalis* L.) pour former des boisés saupoudrés parmi les lagons de la tourbière du bois Gomin. Cet écosystème, oh combien précieux, a longtemps fait les délices de générations de naturalistes et de botanistes à l'affût de plantes curieuses, parfois même insectivores. Peut-être y cueillait-on les nouvelles pousses d'épinette et les bouillait-on avec de la mélasse afin de produire de la bière d'épinette ? À moins que les bulbes de résine cueillis à même leur écorce n'aient servi de gomme à mâcher aux coureurs des bois, alors que Sillery était encore une campagne.

Après la Deuxième Grande Guerre, la tourbière du bois Gomin a été asséchée pour laisser place à un quartier résidentiel. Aujourd'hui, à Québec, l'épinette noire n'existe guère plus que dans un petit morceau de tourbière situé à Pointe-Sainte-Foy et en périphérie.

Épinette rouge

Picea rubens Sarg.
Red Spruce

L'épinette rouge est typique de l'est de l'Amérique du Nord. Elle est plus fréquente sur la Rive-Sud que sur la Rive-Nord du Saint-Laurent, longe vers le sud les montagnes du continent pour atteindre le point le plus méridional de sa distribution naturelle : la Caroline du Nord. Avec son tronc mesurant parfois 1 m de diamètre et sa capacité d'atteindre les 300 ans, cette espèce est non seulement la plus volumineuse de nos épinettes indigènes, mais aussi la plus longévive. Au bout de sa vie, l'épinette rouge pousse en forêts matures en compagnie du bouleau jaune, de l'érable à sucre, du pin blanc et de la pruche du Canada avec laquelle, d'ailleurs, elle partage une très grande tolérance à l'ombre. C'est un caractère essentiel pour des ligneux qui devront côtoyer, des siècles durant, d'autres bons vieux arbres géants!

C.M.

Le bois de l'épinette rouge transmet les vibrations mieux que tout autre matériau ; c'est pourquoi il est très prisé du luthier qui en tire des instruments de musique de la plus belle sonorité.

L'épinette rouge, dont le bois transmet les vibrations mieux que tout autre matériau, est très prisée du luthier qui en tire des instruments de musique de la plus belle sonorité. À l'opposé, son espèce est souvent mêlée à la cacophonie des taxinomistes : certains vont jusqu'à dire

S.H.

À 30 km à peine du centre-ville de Québec, l'écotouriste prendra plaisir à découvrir un des rares anciens peuplements où l'épinette rouge est en vedette. Il s'agit de la pessière à épinette rouge et mousses du Parc de la forêt ancienne du mont Wright situé dans la municipalité Cantons-Unis de Stoneham-et-Tewkesbury. La plus vieille épinette rouge à s'y trouver est âgée de 245 ans.

Épinette

S.H.

C.M.

Avec son tronc mesurant parfois 1 m de diamètre et sa capacité d'atteindre les 300 ans, l'épinette rouge est non seulement la plus volumineuse de nos épinettes indigènes, mais aussi la plus longévive.

qu'elle n'est pas une espèce à part entière puisqu'elle n'exprime pas franchement les caractères qui la distingueraient de l'épinette blanche et de l'épinette noire. On la soupçonne même d'être le résultat de leur hybridation ! Elle partage d'ailleurs de sérieux airs de famille avec l'épinette noire : des rameaux couverts de poils fins et doux, piqués tout le tour d'aiguilles mesurant tout au plus 16 mm de longueur et dégageant un agréable parfum au froissement. Mais l'épinette rouge est par trop distincte pour ne pas se mériter la notoriété de l'espèce : alors que luisent ses rameaux jaunes orangés, l'épinette noire offre les rameaux les plus ternes ; alors que brillent ses aiguilles courbes et vert jaunâtre, les aiguilles droites de l'épinette noire sont d'un lassant vert grisâtre mat. En fin de saison, il n'y a plus à s'y méprendre : les cônes brun chocolat foncé, qui paraissaient très intimement attachés aux rameaux de l'épinette rouge, tombent au sol ; têtus, les cônes brun violacé de l'épinette noire restent ainsi « pendus aux jupes de leurs mères » durant 20 à 30 ans !

À Québec même, l'un des derniers bastions où l'on peut observer certains héroïques spécimens centenaires d'épinette rouge se trouve à Pointe-Sainte-Foy, parmi le boisé Neilson, situé non loin du boisé Marly. Cette forêt est menacée de disparaître au profit d'une densification résidentielle jugée nécessaire dans ce secteur. Parmi les îlots conifériens, paisiblement les épinettes rouges commencent à peine à y partager leurs vieux jours avec les pruches et les pins blancs !

C.M.

Acéracées

Les érables

Il y aurait plus d'une centaine d'espèces d'arbres et d'arbustes indigènes appartenant au genre *Acer* en Amérique du Nord. Si on ajoute les nombreuses espèces européennes ou asiatiques introduites sur le continent pour leurs qualités ornementales, on obtient un nombre total oscillant entre 115 et 150 espèces.

Peut-être l'allusion aux érables asiatiques surprendra-t-elle, mais la flore orientale, particulièrement celle de l'est de l'Asie, soit du Japon, de la Chine et d'une partie de l'Himalaya, présente d'étonnantes similarités avec la flore indigène de l'est de l'Amérique. Ainsi, à une ou deux exceptions près, tous les genres d'arbres feuillus sauvages de l'est du Canada sont également représentés à l'autre bout du monde, en Orient. Ce phénomène se manifeste particulièrement à l'intérieur des genres *Fagus* (hêtre) et *Acer* (érable). Ces populations de feuillus apparentés, isolées dans des parties lointaines du monde, sont en réalité des reliques d'une forêt arcto-tertiaire qui ceinturait la planète entière aux latitudes tempérées, il y 15 millions d'années. En raison du refroidissement planétaire subséquent, beaucoup d'espèces forestières de l'Europe sont disparues. C'est pourquoi les Européens ne connaissent pas les chatoyants coloris des arbres

Genre *Acer*
Le nom latin du genre botanique auquel appartiennent les érables est dérivé du mot celte *ac* (dur) qui fait allusion à la très grande dureté du bois de ces essences.

C.M.

S.H.

S.H.

Au moment de la feuillaison déjà, les formes et les tons des jeunes feuilles se démarquent selon les espèces : on peut comparer ici celles de l'érable à Giguère, une espèce nord-américaine introduite (haut), de l'érable à sucre, une espèce indigène (milieu), et de l'érable argenté, une espèce indigène de l'Ouest du Québec et introduite à Québec (bas).

feuillus qui s'enflamment à l'automne. Les Asiatiques, si. Au Japon, l'automne venu, les flancs des collines boisées d'une multitude d'érables s'embrasent littéralement et imitent les chauds coloris des érablières de la côte de Beaupré en octobre !

Durant leurs millions d'années d'existence, les érables dits « tolérants » ont développé un mode d'adaptation bien à eux pour composer avec l'ombrage qui envahit les forêts qu'ils peuplent. Ainsi, chez un même arbre, les feuilles opposées, profondément lobées et dessinées de nervures disposées en éventail, diffèrent les unes des autres : les plus basses, camouflées par l'étage supérieur du feuillage et moins bien exposées à la lumière, sont plus grandes et attachées à de plus longs pétioles. Mettant l'épaule à la roue, les pétioles se contorsionnent de manière que chaque feuille soit maximalement exposée au soleil. L'ensemble optimise l'activité photosynthétique du feuillage entier.

Parmi les autres traits caractéristiques des érables, il y a leur propension à former des fourches, favorisée notamment par l'avortement des bourgeons terminaux des tiges au profit du développement des bourgeons latéraux opposés. De plus, un érable d'une espèce donnée peut parfois porter des fleurs de trois types différents : des fleurs unisexuées mâles, des fleurs unisexuées femelles, et des fleurs dites parfaites, c'est-à-dire bisexuées. Quoi qu'il en soit, l'issue est toujours la même : après la fécondation, les fleurs femelles se transforment en fruits, et les samares soudées par paires adoptent un angle de divergence qui varie avec l'espèce (ci-dessous, samares de l'érable de Norvège).

C.M.

Non indigène au Québec, l'érable à Giguère, ou à feuilles composées, est toutefois l'espèce la plus répandue à l'état sauvage en Amérique du Nord. On le trouve dans les prairies canadiennes, presque partout aux États-Unis et même au nord du Mexique et du Guatemala. Dans l'Ouest nord-américain, il est considéré comme le meilleur ami de l'homme… et de l'animal. Il est capable d'y supporter les conditions climatiques les plus extrêmes, tels la sécheresse, les grands vents, la poussière et les abus de toutes sortes. Là-bas, on le plante pour la vitesse fulgurante de sa croissance afin qu'il se transforme, le temps de le dire, en haie brise-vent ou en parasol camouflant du soleil de plomb l'étang où s'abreuvent les bestiaux.

Depuis 1688, on le cultive en Europe. On y plante fréquemment une forme embellie, améliorée, dont le feuillage est panaché ! C'est bien pour dire : ici, les puristes le considèrent souvent comme une mauvaise herbe ! Et pourtant, particulièrement à Québec, ce rustique et curieux érable d'allure rabougrie appartient à l'histoire. Longtemps on l'a planté afin d'ornementer

Érable à Giguère

Acer negundo L.
Manitoba Maple,
Box Elder

C.M.

Même si l'érable à Giguère atteint rarement plus de 15 m de hauteur, son port étalé développe une frondaison capable de nous protéger des grandes canicules ; ici, le beau spécimen du boulevard des Chutes. ▾

C.M.

C.M.

Au printemps, l'érable à Giguère sait plaire dès la floraison, car ses fleurs mâles se suspendent des rameaux par délicates touffes caractéristiques.

le plus rapidement possible certains quartiers. Opportuniste, capable de se reproduire en ville et de germer « dans les craques du trottoir », il a pris d'assaut les hauteurs du cap Diamant, dans le Vieux-Québec, de même que l'escarpement nord de la ville où il domine l'écosystème de certains vieux quartiers comme celui de Saint-Jean-Baptiste.

Les spécimens isolés d'érable à Giguère sont devenus rares. Ces arbres bancals, aux branches noueuses, et au terme de leur courte vie de 75 ans, sont des vestiges du temps où leur espèce était encore appréciée ! Certes ils ne paient pas de mine, surtout lorsque les pousses épicormiques, issues de bourgeons situés sous leur écorce, habillent leur tronc et leurs branches de longs cheveux épars. Mais ils représentent le summum en matière de tolérance à l'urbs. De plus, ils illustrent fièrement la grande diversité biologique chez les érables : chez-nous, cette singulière espèce au bois tendre est la seule à posséder des feuilles composées de 3 à 9 folioles et à produire des fleurs mâles et femelles sur des individus différents. Il faut voir les « demoiselles érables à feuilles composées » aux rameaux chargés de samares s'éternisant l'hiver durant, au grand plaisir des gros becs errants!

L'érable à Giguère est plutôt reconnu pour sa cime irrégulière et ses branches noueuses. La belle forme arrondie de cet érable à Giguère résulte d'une taille importante ; c'est la seule espèce d'érable à pouvoir le supporter.

S.H.

Érable à sucre

Acer saccharum Marsh.
Maple Sugar

Arbre indigène de l'Amérique du Nord, l'érable à sucre se limite, au Canada, aux forêts feuillues des Maritimes, du sud du Québec et de l'Ontario. Aussi est-il étrange que cette espèce ait été choisie emblème du Canada tout entier ! Unanimement, ses noms français, latins et anglais (les bûcherons l'appellent parfois *hard maple*) évoquent la grande dureté de son bois et sa sève sucrée. Les premiers colons tant francophones qu'anglophones ont appris les rudiments de la fabrication du sucre et du sirop d'érable des Amérindiens. Avant l'introduction des contenants de métal, qu'ils ont d'ailleurs vite adoptés pour amener la sève à ébullition, les Amérindiens laissaient geler la sève et enlevaient la glace à répétition, jusqu'à ce que le sirop devienne plus concentré, ou bien ils lançaient des pierres brûlantes dans la sève pour la faire bouillir.

Pour ses vertus, l'érable à sucre a été introduit en Europe assez tôt après les débuts de la colonie. C'est John Bartram qui a fait parvenir des plants à Peter Collinson, à Londres, en 1735. Les saisons peu contrastées de l'Angleterre ne lui ont sans doute pas convenu, les récoltes de sève ont été maigres et son espèce ne s'est jamais répandue en Europe.

C.M.

À maturité, les érables à sucre présentent des troncs robustes, hauts et droits, dont l'écorce montre des stries larges et profondes, cassantes quoique résistantes. On peut admirer sa belle symétrie caractérisque chez ce spécimen de la rue des Pionniers à Saint-Nicolas. ▼

C.M.

C.M.

L'érable à sucre, pour qui la vie en ville est déjà compliquée, est en train de se faire chaparder sa niche écologique par l'érable de Norvège ! Le remarquable spécimen ici est situé à Saint-Nicolas, sur la Rive-Sud de Québec.

C.M.

Les fleurs de l'érable à sucre sont toutes petites et, comme chez tous les *Acer*, elles peuvent être mâles, femelles ou bisexuées.

De ce côté de l'Atlantique, l'érable à sucre composait les plus riches érablières de la colline de Québec en compagnie du tilleul d'Amérique. Fort de ses traits autoécologiques, très agressif et plastique, il se reproduisait en abondance sous le couvert de ses aînés des forêts pures et réussissait à croître et à prédominer dans une variété de peuplement et sur des sols de structures et textures diverses. Sa façon de croître en formant des fourches qui se dédoublent sans cesse est poussée au paroxysme : sa cime devient très étalée, ce qui favorise sa grande espérance de vie estimée à 250 ans en moyenne ; on a enregistré des âges records de 280 ans en 2004. L'érable à sucre poussait sur les sites les plus fertiles qu'on avait rapidement déboisés pour l'agriculture et de surcroît fertilisés à même la potasse issue de ses cendres… Si bien, qu'au milieu du XIXe siècle, les cendres de l'érable à sucre fournissaient 80 % de la potasse de l'Amérique. Inusable, son bois dur, fort et lourd a non seulement servi de combustible, mais il a été utilisé pour construire les objets les plus hétéroclites : depuis les « chemins de lisses » où glissaient les trains avant l'avènement du chemin de fer, jusqu'aux instruments de musique. Son tronc cylindrique, libre de branches et donc sans nœud sur la moitié de sa longueur a aussi fait de l'érable à sucre un trésor pour l'ébéniste.

Il y a jusqu'à 75 ans, à peine, on se servait amplement de l'érable à sucre en foresterie urbaine, d'abord pour son somptueux coloris automnal, mais aussi pour sa magnifique silhouette, parfaitement symétrique, surpassée de peu par celle de l'orme d'Amérique. Il offrait en outre l'avantage de mieux réagir que l'orme en période de canicule ou lorsque son système racinaire était perturbé. Malheureusement, la ville et le monde industriel lui conviennent de moins en moins : sensible à la pollution atmosphérique, exposé aux insectes et aux maladies, il dépérit. Depuis peu, il est en outre menacé par un nouveau compétiteur : l'érable de Norvège...

C.M.

Érable argenté

Acer sacchari*num* L.
Silver Maple

Indigène de l'Est de l'Amérique du Nord, l'érable argenté pousse en bordure des grands cours d'eau du Québec et de leurs affluents : la rivière Outaouais, le Richelieu et le fleuve Saint-Laurent, depuis la plaine de Montréal jusqu'au lac Saint-Pierre. Mis à part un petit peuplement à Saint-Augustin-de-Desmaures, l'érable argenté n'est pas indigène à la région de Québec, pourtant il s'y plaît comme un poisson dans l'eau ! Ici, comme dans bien des grandes villes américaines, il a été planté en

C.M.

L'érable argenté est le premier *Acer* à fleurir après la saison des sucres, soit vers le 20 avril à Québec. Ses glomérules de bourgeons à fleurs rouges attachées à des pousses naines s'y préparent pendant des mois ! Bientôt, les disamares d'abord rougeâtres vont se développer, puis le feuillage va pousser. Au début de l'été, les fruits seront mûrs : l'écureuil, qui élit souvent pour sa famille le creux du tronc torse d'un vieil érable argenté, pourra se nourrir de leurs graines humides, goûteuses et nutritives.

C.M.

Port majestueux de l'érable argenté du Centre de la petite enfance La Ritournelle sise sur la rue de Lisieux dans l'arrondissement de Beauport.

abondance au milieu du macadam à cause de l'appétit de ses racines pour les sols marécageux, souvent inondés au printemps. Plutôt paradoxal ? Pas vraiment. Examinons sa physiologie, qui ressemble à celle du frêne rouge et de l'orme d'Amérique, deux essences affectionnant aussi les lieux humides et abondamment plantées en milieu urbain. Le système racinaire de ces essences, comme tous leurs autres organes, doit pouvoir respirer. Afin de s'adapter aux conditions asphyxiantes de la croissance dans l'eau, ils ont développé des racines superficielles. Et c'est précisément pour cette qualité que les forestiers urbains les ont choisi pour en faire la culture dans les conditions étouffantes de nos villes !

Tolérant les sols compactés, d'une qualité douteuse, ou leur absence, les sels de déglaçage et la pollution atmosphérique, l'érable argenté joue si bien son rôle de citadin qu'il devient énorme : certains individus atteignent plus de 1,50 m de diamètre et 35 m de haut en un siècle à peine. Au point de vue de la vitesse de croissance, sous nos cieux, toutes essences indigènes ou exotiques confondues, c'est l'érable argenté qui remporte la palme !

C.M.

C.M.

Les solides branches charpentières ascendantes de l'érable argenté sont parfaitement visibles sur la variété pyramidale, où elles supportent des branches plutôt dressées. Le gigantesque individu, dont on voit ci-dessus la cime et le tronc et ci-contre l'arbre entier, est un vénérable centenaire situé à Sainte-Hélène de Breakeyville. ▲ ▶

C.M.

S.H.

Il n'est pas rare d'apercevoir des pousses au pied des érables argentés, généralement par suite de blessures.

Mais l'érable argenté est beaucoup plus qu'un arbre rustique et performant. Il est le seul *Acer* qui soit aussi gracieux ! Non seulement ses rameaux se recourbent-ils d'abord pour se retrousser ensuite à l'extrémité avec une grande élégance, mais ses feuilles font dans la dentelle ! Profondément découpées en trois à sept lobes carrés ou rectangulaires, elles adoptent une couleur vert clair sur le dessus et sont blanchâtres au revers. C'est d'ailleurs à ce dernier trait que l'érable argenté doit ses noms français et anglais. Son nom scientifique souligne un autre de ses charmes : *saccharinum* signifie sucré et lui vient du latin *saccharum*, la canne à sucre. Eh oui, l'érable argenté peut s'entailler et produire une eau sucrée de grande qualité !

Les variétés développées de main humaine sont nombreuses chez l'érable argenté. La forêt urbaine de la capitale en abrite une et une autre ! Mais généralement, deux types de cultivars se démarquent. Il y a d'abord les érables argentés à feuillage lacinié, dont les feuilles profondément ciselées sont attachées à des rameaux fortement pleureurs. On peut observer quelques arbres de ce type, aux abords de l'édifice administratif de la Commission des champs de bataille nationaux, sur la rue de Bernières. Leur présence est sans doute attribuable à une fantaisie de Frederick Todd ! Et il y a les érables argentés de type pyramidal dont le nom s'applique à plusieurs clones. Ce sont des arbres volumineux, à croissance ultra rapide et dont les branches charpentières sont plutôt dressées. C'est la pépinière Spaeth en Allemagne, qui a été la première à commercialiser ce type d'érable argenté, vers 1885-1886.

C.M.

C.M.

L'érable argenté à feuillage lacinié se reconnaît facilement aux profondes échancrures de ses feuilles et à ses rameaux de type pleureur. Ci-dessus, le champion de la région de la capitale situé à Loretteville.

Érable de Norvège

Acer platanoides L.
Norway Maple

L'érable de Norvège pousse en Scandinavie parmi les plaines et sur les collines au Sud de la Suède et à l'extrême sud de la Norvège. Mais sa distribution naturelle s'étire aussi jusqu'au Sud-ouest de l'Asie et au-delà de la mer Caspienne. C'est William Bartram, fils de John, fondateur du premier jardin botanique d'Amérique du Nord, en Pennsylvanie, qui a introduit cette essence en culture, en 1756.

Fins observateurs, les pépiniéristes ont aussi rapidement découvert la propension de cette espèce à se reproduire de façon agressive, par semis, et à développer des clones dont les caractéristiques diffèrent de l'espèce

C.M.

S.H.

S.H.

L'érable de Norvège a donné des cultivars aussi variés que le 'Schwedleri' aux feuilles rouges à l'émergence et aux inflorescences jaunes (Pologne, 1869), le cultivar 'Drummondii' aux feuilles vertes marginées de blanc, aussi appelé érable arlequin (Écosse, 1903), et le cultivar 'Crimson King' au feuillage rouge sang (Belgique, 1939), et son rejeton, le cultivar 'Crimson Sentry' (États-Unis, 1970).

pure, parfois de façon surprenante. Au fil du temps, à force d'observation et de sélection, des cultivars aux feuillages, aux bourgeons floraux et aux inflorescences diversement colorés ont été créés aux quatre coins de la planète.

Au Québec, on le vendait déjà il y a plus de 150 ans à la pépinière Guibault de Côteau-Baron, à Montréal, soit en 1832. D'autres municipalités ont commencé à répandre son utilisation au début du xxe siècle et on l'a introduit massivement à Montréal en 1920, à titre d'arbre de rue dans le quartier Outremont. À la même époque, à Québec, l'érable de Norvège fait partie de l'aménagement de la rue de La Tour (aujourd'hui Louis-Saint-Laurent) et de l'avenue de Bougainville.

L'érable de Norvège est donc ce qu'on pourrait appeler une espèce exogène « à succès » ; en effet, il est doté d'une très grande tolérance aux conditions urbaines, dans lesquelles il peut vivre jusqu'à 200 ans et atteindre 30 m de hauteur. On dit l'espèce exogène par opposition aux espèces indigènes, comme l'érable à sucre. Les deux essences de plus en plus cohabitent à l'intérieur de la forêt urbaine et de ses boisés.

L'érable de Norvège et l'érable à sucre fleurissent tous deux à une semaine d'intervalle, l'érable de Norvège le premier, vers le 7 mai, à Québec, à peu près en même temps que sa feuillaison ; il laisse alors s'épanouir une multitude d'inflorescences en corymbes de 30 à 40 fleurs jaune acide, dont chacune contient un disque nectarifère. Des avenues entières exhalent alors un parfum de miel et les insectes pollinisateurs s'en donnent à cœur joie. Suivra l'abondante production des disamares caractérisées par l'angle de 180° qu'elles forment entre elles. Bientôt germent des milliers de plants.

Même si les plantules de l'érable de Norvège sont toutes petites, on pourra facilement les différencier des plantules de l'érable à sucre. La sève laiteuse qui circule dans ses « veines » est exclusive à cette espèce, ici. Depuis quelques dizaines d'années, dans nos boisés urbains, par exemple au Bois-de-Coulonge ou sur les Plaines d'Abraham, on constate que l'érable de Norvège gagne du terrain en se reproduisant plus rapidement que l'érable à sucre. Depuis, toutes les plantes éphé-

C.M.

L'érable de Norvège est rapidement devenu le favori des paysagistes avec sa belle cime et ses étonnants coloris. Ici, le champion de la capitale situé dans le Vieux-Lévis. ▲

mères du printemps typiques du parterre des érablières sucrières, déclinent sous l'ombrage trop prononcé projeté par l'érable de Norvège. C'est un problème de taille pour les écologistes. À suivre…

Érable de Tartarie

Acer tataricum L.
Tartarian Maple

C.M.

Les mignonnes disamares de l'érable de l'Amour trahissent ses liens de parenté avec les autres *Acer* (*Acer tataricum* subsp. *ginnala* Maxim. Wesm.).

L'érable de Tartarie, ainsi que sa sous-espèce, l'érable de l'Amour (Amur Maple), est originaire du sud-est de l'Europe et de l'ouest de l'Asie, a été introduit en culture en Angleterre, en 1759, par P. Miller. La date de son introduction en Amérique du Nord serait antérieure à 1890. Ce petit érable adopte bien souvent une forme arbustive, développant plusieurs tiges dès sa base, mais, à l'occasion, il prend l'allure d'un petit arbre au tronc unique.

L'érable de Tartarie appartient à ces arbres à petit développement venus d'ailleurs et introduits dans les aménagements paysagers afin de les diversifier. Les gens affectionnent ces petits arbres dont les feuilles, souvent lobées, sont plus petites que celles des érables traditionnellement plantés et adorablement colorées de rouge durant une bonne partie de la saison de jardinage. Ils s'ornent aussi de fleurs et de samares d'une délicatesse et d'une couleur uniques parmi les érables.

C.M.

L'érable de Tartarie se distingue par ses fleurs de couleur crème délicatement parfumées, tout à fait uniques.

Un magnifique spécimen, véritable sculpture vivante, se trouve au cœur du Vieux-Sillery, sur l'avenue William. Cette artère porte justement le prénom du célèbre naturaliste et marchand de bois, William Sheppard, qui a demeuré au domaine de Woodfield (aujourd'hui devenu le cimetière Saint-Patrick) entre 1809 et 1847. Alors en banqueroute, Sheppard a quitté sa propriété de Sillery pour Drummondville. La propriété de Sillery a été lotie en parties vers 1850, et les Canadiens français résidants de ce nouveau quartier l'ont baptisé Bergerville, une francisation du nom de Sheppard !

Érable rouge

Acer rubrum L.
Red Maple

C.M.

C.M.

L'érable argenté et l'érable rouge partagent quelques traits communs. À l'intérieur de leur aire de distribution naturelle, de l'est de l'Amérique du Nord jusqu'aux marécages de la Floride, ils affectionnent tous deux les milieux humides. Toutefois, alors que l'érable argenté n'a jamais existé à Québec à l'état sauvage, l'érable rouge y abondait déjà aux débuts de la colonie. Il était particulièrement présent dans les bois marécageux et les savanes de Sillery et, en compagnie de l'épinette noire, en périphérie du fragile écosystème de la Tourbière du Bois Gomin. Quoique cette tourbière ait été asséchée après la Seconde Guerre pour y développer un quartier résidentiel, on se rend compte, en parcourant ses rues, que certains érables rouges, peu nombreux, ont survécu. Pas étonnant qu'on dise que cette espèce est plastique, car elle est effectivement capable de s'accommoder même de terrains secs ou rocailleux !

Ses noms latin, français et anglais réfèrent tous à sa couleur que les Canadiens français appelaient souvent plaine rouge ! Tout particulièrement au printemps et à l'automne, cette valeureuse essence dont le bois est très dur se colore de rouge dans tout son être : ses rameaux, ses bourgeons à fleurs et ses inflorescences, ses disamares, les pétioles de ses feuilles et son feuillage automnal, tout est rouge ! Jadis les colons de la Pennsylvanie faisaient bouillir son écorce pour en extraire une teinture ou de l'encre rouge.

Survenant avant sa feuillaison et juste après la floraison de l'érable argenté, le très hâtif épanouissement de ses fleurs… rouges est tributaire de l'accumulation de chaleur qui se fait de jour en jour dans l'air du printemps. C'est pourquoi l'enregistrement annuel du moment de la floraison de l'érable rouge fait partie des données phénologiques utilisées pour renseigner sur les liens entre les phénomènes biologiques, le climat et son réchauffement. Cette floraison semble d'ailleurs devancée de 15 jours depuis 125 ans...

Tout comme pour l'érable argenté, il existe de nombreux cultivars horticoles chez l'érable rouge, mais assez étonnamment l'érable rouge ornemental est rarement cultivé ici alors qu'il obtient la faveur populaire aux États-Unis. Quelle tristesse ! Tous les deux possèdent un tronc garni d'une écorce gris pâle et lisse lorsqu'ils sont jeunes, mais avec l'âge, l'écorce de l'érable argenté se déhabille petit à petit, pendant que celle de l'érable rouge devient très foncée et se recouvre de crêtes écailleuses.

Nos deux cousins ont des rameaux rouges sur lesquels se développent les pousses naines qui supportent leurs inflorescences tantôt mâles, tantôt femelles. Lorsqu'on meurtrit ces rameaux, il s'en dégage une odeur repoussante chez l'érable argenté, mais tout à fait tolérable chez notre érable rouge. C'est après la floraison, lors de la formation des fruits, qu'il devient facile de les différencier : chez l'érable rouge, les ailes symétriques des disamares mesurent à peine 2,5 cm et forment entre elles un angle de 60° ; chez l'érable argenté, les disamares sont très longues, souvent inégales à cause de l'avortement de l'une des moitiés, et leurs ailes forment un angle de 90°.

C.M.

C.M.

Rameaux, bourgeons, jeunes feuilles, fleurs et samares, toutes les structures botaniques adoptent le rouge chez l'érable rouge.

S.H.

Le champion des érables rouges du territoire de la capitale nationale est à Charny, sur la Rive-Sud de Québec.

Érables

Oléacées

Les frênes

C.M.

Genre *Fraxinus*
Le nom du genre *Fraxinus* vient de l'ancien nom latin du frêne, *Fraxinus excelsior*, lui-même tiré du grec φραξισ (clôture, haie). Il s'agit d'une allusion à l'usage ancien qu'on faisait de cette essence, car on la plantait pour séparer des propriétés de leurs voisines ou marquer des frontières.

Les frênes appartiennent à la famille botanique de l'olivier, *Olea europæa* L. On en compte 65 espèces, majoritairement des arbres, rarement des arbustes. Leur distribution naturelle se limite le plus souvent aux régions tempérées de l'hémisphère Nord, mais on le croise parfois dans les forêts tropicales de Java et de Cuba. Parmi les quatre frênes indigènes du Canada, deux espèces du Québec sont plus susceptibles d'habiter la forêt urbaine : le frêne blanc (*Fraxinus americana* L.) et le frêne rouge (*Fraxinus pennsylvanica* Marsh.). Un troisième frêne d'origine exogène, le frêne commun (*Fraxinus excelsior* L.), réussit à prospérer ici en milieu urbain. Souvent plantée aux États-Unis et au Canada, bien que très rarement au Québec, cette essence est l'une des essences productrices de bois marchand les mieux connues en Europe.

Le frêne est l'un des grands arbres sacrés des civilisations occidentales. Dans la mythologie nordique, l'Arbre-Monde qui, de ses racines au faîte, fait le lien entre les niveaux cosmiques et symbolise l'immortalité, est un immense frêne. Ses branches atteindraient les dieux, d'où sa réputation d'attirer leurs foudres ! À l'ombre de sa canopée, l'univers se déploie, d'innombrables animaux s'abritent tandis que tous les êtres dérivent de lui. Enfin, c'est du haut du frêne sacré que le dieu Odin aurait créé le premier homme, *Ask* ou *Ash*, d'où le nom donné au frêne en anglais.

Au-dessus des cicatrices en U ou en V, que laissent les feuilles des années précédentes et qui marquent les rameaux de chaque côté et face à face, de même qu'à l'extrémité des rameaux se forment les petits bourgeons pyramidaux granuleux qui enveloppent la génération de feuilles suivante. Le feuillage aura tendance à se concentrer vers l'extrémité des rameaux de façon que le plus de lumière possible pénètre la cime.

Pendant que s'épanouissent les feuilles, les frênes se couvrent d'une multitude d'inflorescences latérales, composées de fleurs minuscules et rudimentaires, sans corolle, toutes mâles ou toutes femelles. Toutefois, le frêne présente souvent un petit côté transgenre. À l'occasion apparaissent des groupes de fleurs des deux sexes sur le même arbre ou des fleurs bisexuées. Si la petitesse des fleurs rend difficile l'identification de leurs structures mâles et femelles et augmente la confusion des genres, au moins ses fruits ne mentent pas ! Ce sont des samares issues des fleurs femelles, plutôt faciles à reconnaître par leur forme en pagaie de canoë. Souvent, ces samares demeurent accrochées à l'arbre durant les longs mois de l'hiver ; comme elles sont dotées d'un certain aérodynamisme, elles se détachent de leur « mère » en vrillant vers le sol, qu'elles poignardent aussitôt. Les plantules qui en naîtront sont promises à une longue vie !

C.M.

Ce frêne de l'ancien domaine Kilgraston, fidèle à la réputation de son espèce, a été traversé par la foudre, ce qui est bien visible sur sa tendre écorce. L'écorce du frêne, finement sculptée et hachurée de crêtes liégeuses qui s'entrecroisent, ressemble au velours cordé et évoque les rides des citadins qui les ont vus grandir !

S.H.

Les feuilles des frênes nous offrent un excellent exemple de feuilles composées. Elles comportent un nombre impair de 5 à 13 folioles, qui s'opposent de part et d'autre du rameau. À peu près toutes semblables et souvent terminées en une longue pointe fuselée, les folioles ont un pourtour peu profondément denté, parfois lisse, mais la foliole terminale est souvent légèrement plus grosse.

Frêne blanc

Fraxinus americana L.
White Ash

Quoique robustes, les frênes n'en sont pas moins pittoresques : lorsqu'ils deviennent âgés, les racines contreforts qui renflent leur base donnent parfois au tronc l'allure d'une patte d'éléphant.

Enracinés au cœur des villes nord-américaines, les frênes sont probablement les arbres les plus nombreux, notamment le frêne rouge. Comme ils germent facilement et se développent en un éclair sur une grande variété de sols, ils atteignent rapidement leur taille et leur volume optimaux pour devenir, en milieu urbain, les arbres les plus massifs et les plus hauts qui soient. Ils ont la vie dure et semblent en apparence totalement indifférents aux insectes et à la pollution qui les assaillent, saison après saison.

Le frêne blanc est devenu exclusivement nord-américain et pousse à l'état indigène dans la région des Grands Lacs et de la vallée du Saint-Laurent. Pourtant, on le rencontrait autrefois en Europe, du moins en Allemagne, là où des restes fossiles vieux d'environ 10 000 ans ont été découverts dans la région de Thuringe, près de la Bavière.

À l'est du continent américain, le frêne blanc pousse en association avec l'érable à sucre, le tilleul d'Amérique, le hêtre à grandes feuilles et le bouleau jaune, supportant sans trop de peine l'ombrage de ses compagnons forestiers. Ce feuillu noble préfère cependant les sols bien drainés et riches en nutriments, afin d'y plonger son pivot puis ses racines verticales et d'y accélérer sa légendaire croissance en hauteur. S'il est une essence qui appartienne à l'histoire de l'évolution de la colline de Québec et de sa flore arborescente, c'est bien le frêne blanc. Sans doute était-il des forêts qui se sont développées pendant des millénaires sur les meilleures terres et des premières à être défrichées au début de la colonie.

Leur bois, apprécié pour sa très grande qualité, à la fois dur, léger et flexible, facile à tailler dans la forme désirée, a servi à fabriquer des instruments aratoires qui ont justement servi à arracher les troncs de ses ancêtres et à repousser la forêt au profit des terres agricoles. Heureusement, à l'époque, on épargnait généralement les haies de frênes afin de délimiter les terres des fermes voisines et de certains grands domaines. Il y quelques années à peine, on pouvait encore observer des vestiges de cette tradition alors qu'une rangée de frênes âgés se trouvait à l'emplacement de l'ancien domaine Kilgraston, habité au début des années 1800 par Henry Morgan, dont le nom est immortalisé par un toponyme

C.M.

Ce frêne blanc de dimensions respectables, que l'on peut admirer à Cap-Rouge, démontre bien la tendance des frênes à pousser en hauteur. C'est cette croissance accélérée en hauteur qui a fait des frênes les favoris de l'arboriculture moderne. Ils ont malheureusement le défaut de leur qualité : ils sont réputés attirer la foudre !

du coin. Le domaine Kilgraston a connu de nombreux propriétaires notables, dont Narcisse-Fortunat Belleau, maire de Québec, vers 1850, le marchand tailleur, David Morgan et ses héritiers, à compter de 1865, puis Alexandrine Lafontaine, épouse de A. O'Neil vers 1940.

Entre 1985 et 2000, un dénommé Beauregard, propriétaire d'une portion de l'ancien domaine Kilgraston, a consulté un ingénieur forestier à propos d'un vieux frêne au fût trapu et au port érigé, faisant partie d'une ancienne rangée de quatre sujets. Par amour pour son vieil arbre, il voulait connaître les meilleurs soins à lui prodiguer, surtout que son frère, si l'on peut dire, avait déjà été foudroyé ! Il a donc suivi à la lettre toutes les recommandations de son conseiller, sauf l'installation d'un paratonnerre ! C'est ainsi qu'il a pu vendre sa propriété quelques années plus tard avec une immense valeur ajoutée, grâce à ce très vieil arbre dont l'âge estimé est aujourd'hui de 275 ans. Comme à ses 20 ans, notre vieux frêne né mâle fleurit encore chaque année très tôt au printemps, en libérant durant deux ou trois semaines son pollen, telle une poussière d'or. Il a certes perdu un

C.M.

Chez le frêne blanc, le débourrement foliaire survient tard au printemps, comme pour se soustraire au gel. Peut-être est-ce pour la même raison que ce frêne se débarrasse tout aussi rapidement de ses feuilles en septembre !

Les grands frênes âgés à saveur patrimoniale, tout comme ce grand frêne blanc foudroyé du domaine Kilgraston, apportent indéniablement un cachet particulier à la ville et une valeur certaine à la propriété. ▸

C.M.

peu de sa grâce et ses branches, qui épousent la ramification recourbée des *Fraxinus*, se sont raréfiées. Malgré tout, chaque année, il forme de nouveaux rameaux de couleur pourprée recouverts d'une pellicule qu'on peut peler. Comme tous les frênes de son espèce, ses jeunes pousses se couvrent à leur extrémité de feuilles composées de 5 à 9 folioles, d'un beau vert foncé en surface, visiblement pâles au revers, d'où son surnom de frêne blanc. Ses feuilles empruntent très tôt à l'automne des coloris allant du jaune au bronze ou au rouge pourpre avant de se désarticuler et de laisser tomber une à une leurs folioles, telles les larmes d'un ancêtre au bout de sa vie. Avec l'âge, son écorce s'est texturée de crêtes prononcées entrecroisées, disposées en losanges, formant un patron en « diamant » caractéristique.

Frêne commun

Fraxinus excelsior L.
European Ash

Le nom spécifique du frêne commun, *excelsior*, lui vient du mot latin *excelsus* qui signifie très haut. Aussi appelé frêne européen, il peut atteindre 35 m de hauteur et, à l'observer, on peut deviner à travers sa ramure le long fût droit projeté jusqu'au faîte. Originaire de l'Europe et du sud-ouest de l'Asie jusqu'en Transcaucasie, son usage remonte à l'Antiquité : on écrivait sur son écorce bien avant l'invention du papier. Le frêne commun appartient aussi à la mythologie et au folklore puisqu'on prétend que l'arc de Cupidon est fait de son bois!

C.M.

Le frêne commun est facilement reconnaissable à ses folioles minces et à son feuillage léger et gracieux.

Comme chez le frêne rouge, la feuillaison du frêne commun survient tard au printemps et ses feuilles demeurent vertes tard à l'automne; leur chute est cependant tardive. Dans les pays scandinaves, autour de la mer Baltique, on le cultive depuis si longtemps qu'il fait maintenant partie de la famille : on le compare à un homme distrait qui, ayant perdu la notion du temps, oublie de s'habiller de son feuillage au printemps et de se dévêtir à l'automne.

L'une des premières essences ornementales européennes introduites en Amérique du Nord, le frêne commun est souvent planté aux États-Unis en tant qu'arbre d'avenue ou isolé. Au Québec, c'est une tout autre histoire. Il y a bien quelques frênes communs de faible ou de moyenne stature ici ou là dans quelques villes, mais le remarquable spécimen des Plaines d'Abraham est non seulement rare, mais unique. On doit en prendre un soin jaloux! On peut admirer sa majesté dominer les plantations environnantes depuis les abords de l'avenue George VI, à l'arrière du Complexe H du gouvernement du Québec. Il pourrait fort bien avoir été planté peu après la construction du manège militaire, en 1864, à

Voici l'un des rares frênes communs de la région de la capitale : ses branches ont eu tout le loisir de se déployer grâce à un espace et un ensoleillement hors pair. ▾

C.M.

S.H.

Les samares du frêne commun arborent la forme caractéristique de pagaie qu'on observe chez tous les frênes.

l'époque des travaux d'aménagement de l'arboretum du Jardin botanique conçu par l'abbé Ovide Brunet, du Séminaire de Québec. Effectivement, le frêne commun figurait parmi les nombreuses essences commandées par l'abbé à la pépinière Mount Hope de Rochester, dans l'état de New York.

Fidèle à son espèce, notre rarissime sujet des Plaines d'Abraham pourrait, au moment de l'épanouissement de ses feuilles, se recouvrir entièrement soit de fleurs mâles, soit de fleurs femelles, ou présenter des groupuscules de fleurs tantôt mâles, tantôt femelles. Il lui serait aussi possible, en l'espace d'un an, de changer de sexe, mais on ne l'a jamais vu porter de fruits ! De deux choses l'une : ou ce frêne est un « Il » ou la solitude ne lui réussit pas !

Notre frêne commun se distingue de ses frères indigènes par ses bourgeons noirs veloutés et par la texture beaucoup plus fine de son feuillage. Il est fait d'un ensemble de feuilles opposées composées de 9 à 13 folioles au pourtour denté, dont la paire terminale est plus longue que toutes les autres. Ne l'oublions pas, l'automne venu, cet Européen s'obstine à conserver ses feuilles vertes parfois jusqu'aux neiges !

Frêne rouge

Fraxinus pennsylvanica Marsh.
Red Ash

Tout comme le frêne blanc, le frêne rouge, ou frêne de Pennsylvanie, est un feuillu noble indigène d'Amérique du Nord, mais il est plutôt originaire du centre et de l'est du continent. On le rencontre principalement en terrains humides, le long des cours d'eau ou parmi les marécages, souvent en association avec l'érable argenté et le peuplier deltoïde. Il tire son nom vernaculaire de l'omniprésence de la couleur rouge chez lui. Son bois de cœur est rouge foncé ; son écorce, au losangé moins prononcé que celle du frêne blanc, diffère de ce dernier par sa teinte rougeâtre, surtout manifeste dans la partie supérieure de l'arbre et sur les branches. Jadis, non seulement produisait-on de la potasse avec ses cendres, mais on extrayait aussi de son écorce un colorant rouge.

Les frênes rouges et blancs se ressemblent en apparence, car ils arborent tous deux le port caractéristique découlant de la ramification de leurs branches, qui forment un angle aigu avec le tronc et prennent un élan ascendant pour ensuite pointer vers le sol avant de retrousser leur extrémité. Toutefois, les rameaux et le feuillage des deux espèces diffèrent : les pousses et le revers des feuilles du frêne rouge sont garnis de poils, ceux du frêne blanc en sont dépourvus ; à l'automne, le feuillage est invariablement jaune chez le premier, le plus souvent pourpre rosé chez le second. Le frêne blanc est arrivé le premier en Europe, vers 1724, alors que le frêne rouge l'a rejoint en 1783. Étant donné les appétits princiers du frêne blanc, c'est le frêne rouge qui a la faveur lorsqu'il s'agit d'arboriculture urbaine à cause de sa vigueur et de sa très grande tolérance aux sols lourds, pauvres et compacts, aux périodes de sécheresse et aux sels de déglaçage. En fait, le frêne rouge semble remarquablement et profondément adapté à la ville, et ce, même au plan le plus intime de son cycle vital annuel : parmi tous nos arbres indigènes, il est le dernier à couvrir de feuillage sa silhouette squelettique au printemps et l'un des premiers à s'en départir en septembre. Une joyeuse façon de ne pas s'exposer trop longtemps aux poussières atmosphériques de la ville !

Selon la légende scandinave, lors de grands bouleversements cosmiques, où un univers s'anéantit et cède sa

C.M.

Chez les frênes, les rameaux sont costauds et comprimés au niveau des cicatrices, là où s'accrochaient les feuilles. Ce relief permet de deviner l'emplacement des feuilles au cours des années antérieures.

Quand les frênes jouissent d'un espace suffisant, comme ce frêne rouge, leurs branches s'étalent en largeur, dessinent des loupes, s'orientent vers le sol puis remontent telles des montagnes russes, tandis que leur cime s'arrondit. Une fois d'envergure, ces pachydermes tanguent curieusement aux grands vents à la manière d'un navire sur l'océan. ▾

C.M.

place à un nouvel univers, le frêne sacré reste debout, immobile et invincible, et sert de refuge aux créatures qui repeupleront la terre. C'est pourquoi Arthur Plotnik, dans son fort amusant ouvrage *The Urban Tree Book : An Uncommon Field Guide for City and Town*, laisse entendre que lorsque les villes auront laissé suinter leurs dernières toxines et que tous les humains auront été expédiés sur Mars, il y aura toujours quelque part des frênes rouges, alignés en bordure d'un boulevard !

Le quartier de Maizerets s'est développé de part et d'autre du chemin de la Canardière dès les premiers temps de la colonie. Les supérieurs du Séminaire ont donné ce nom à leur domaine au XVIIe siècle, propriété devenue officiellement le domaine de Maizerets le 7 mars 1849. La compagnie du Parc Maufils en a réalisé le lotissement et, chose extraordinaire, ce sont les nouveaux résidants qui demandent que les avenues soient bordées d'arbres. Typiques à ce quartier, entre autres espèces, quelques frênes rouges de belle taille, éparpillés, vestiges des frênaies rouges à ormes du temps où Maizerets était encore la Canardière…

C.M.

C.M.

À chaque étape de son débourrement foliaire et de sa floraison, le frêne rouge s'offre en spectacle pour peu qu'on ralentisse le pas afin de bien observer.

C.M.

Près de la villa de Battlefield Cottage, construite en 1829, les arbres « forestiers », comme on les appelait à l'époque, étaient très développés. Le fameux orme d'Amérique du monastère des Dominicains (couverture), où l'on prévoit agrandir le Musée national des beaux-arts du Québec, est un vestige de cette période. Tout près, sont récemment disparus des arbres qui s'étaient enracinés sur les terrains du notaire William Fisher Scott vers 1820. C'est le cas de ce superbe frêne rouge, à patte d'éléphant, sur Grande-Allée Ouest. ▸

C.M.

Fagacées

Les hêtres

Les hêtres sont des arbres de grande taille à feuillage caduc, typiques de l'hémisphère Nord et majoritairement originaires d'Eurasie. Il en existe une dizaine d'espèces, mais seul le hêtre à grandes feuilles est indigène au Canada. Beaucoup d'espèces d'arbres subtropicaux appartenant à la famille botanique des fagacées ont un feuillage persistant; on dit leurs feuilles marcescentes. C'est le cas du hêtre à grandes feuilles, imité par nos chênes, qui persiste à demeurer revêtu de ses feuilles mortes l'hiver durant. Ce hêtre est bien présent au Québec et sur le territoire de la capitale, de même que son très proche parent, le hêtre européen, et sa curieuse variété à feuillage pourpre.

Chez le hêtre, le caractère le plus distinctif et le plus attirant est sans doute l'écorce lisse et mouchetée, gris bleuâtre, qui moule son tronc. Ses rameaux brun pâle délicats, légèrement zigzagants, sont garnis de part et d'autre de deux rangées de feuilles apparemment alignées et se terminent par un long bourgeon pointu. Même décolorées, les feuilles s'entêtent à demeurer accrochées durant l'hiver, tels des lambeaux de papier de soie chiffonnés, mais au printemps, les nouvelles feuilles se pointent d'une façon attendrissante : elles

Genre *Fagus*
Le nom latin *Fagus* est depuis toujours attribué au hêtre européen, *Fagus sylvatica*. Du grec φαγειν qui signifie manger, ce nom fait référence aux noix oléagineuses comestibles qu'il produit.

C.M.

Caractéristique des hêtres, le bourgeon enrobé de nombreuses écailles imbriquées les unes dans les autres sur quatre rangs ressemble à un petit cigare pointu. On assiste ici aux premiers moments du débourrement foliaire.

s'extirpent vaillamment de leur cigarillo à travers le duveteux nuage de longs et fins poils blancs qui les enveloppe et se colorent de vert tendre. Progressivement, les feuilles perdent leur pubescence et deviennent coriaces et luisantes. On constate alors à quel point elles se distinguent par leur grande rigueur géométrique, par leur nombre précis, selon les espèces, de nervures secondaires parfaitement parallèles et par leur pourtour vaguement encoché de dents aiguës incurvées.

À peu près au moment de sa feuillaison, le hêtre met tout en branle pour sa reproduction ! Espèce monoïque, il possède sur le même arbre, voire sur la même pousse, tantôt des fleurs mâles, tantôt des fleurs femelles contenues en des structures distinctes et plus ou moins isolées. Ses fleurs mâles se groupent pour former des pompons suspendus à de longs pédoncules. Ses fleurs femelles adoptent la forme de petits épis de deux ou quatre fleurs qui se camouflent à l'intérieur d'un involucre, une sorte d'enveloppe faite de bractées soudées, lui-même bien à l'abri à l'aisselle de feuilles, où muriront les faînes. C'est lors des premières gelées, quand s'ouvrent les quatre valves de l'involucre, que sont enfin libérées les faînes !

Ces fameux fruits du hêtre portent un nom dérivé de celui du genre ; en fait, le hêtre devrait en faire autant et porter son véritable nom de « foyard ». La fouine, aussi nommée martre et parfois martre des hêtres, dérive son nom scientifique de la même racine, car elle sait flairer les faînes du hêtre au sol et s'en nourrir. Si on nommait adéquatement les êtres vivants, peut-être comprendrait-on mieux à quel point toutes les formes de vie sont interreliées !

Hêtre à grandes feuilles

Fagus grandifolia Ehrh.
American Beech

Chez les fagacées, le hêtre à grandes feuilles est l'une des essences les plus belles et les plus longévives ; selon un relevé du ministère des Ressources naturelles, les records au Québec se situeraient entre 195 et 205 ans. Ce feuillu noble en impose du haut de ses 30 m : il déploie sa large cime au-dessus de son robuste fût droit, libre de branches sur la moitié de sa longueur. Sa force, sa grâce, son équilibre et sa valeur décorative en toutes saisons s'allient à sa rusticité et à sa santé, somme toute plutôt bonne, pour en faire un arbre remarquable. Les aménagistes paysagers adorent le hêtre à grandes feuilles.

À la source de son élégance, il y a son écorce gris acier, lisse, lustrée et mouchetée qui habillera son tronc sa vie durant sans jamais gercer. Cette belle peau bleutée couvre aussi ses centaines de branches et ses milliers de fins rameaux de sorte qu'en hiver, le hêtre dénudé brille en forêt, spécialement sur un fond de conifères obstinément sombres. Malheureusement, la minceur de l'écorce de même que l'enracinement superficiel du hêtre à grandes feuilles le fragilisent lors des feux de forêt. Enfin, ces racines produisent des rejets qui conduisent à la création de curieuses colonies pures de hêtres, tous imbriqués dans un inextricable réseau de racines.

C.M.

Lors de la floraison, les fleurs mâles du hêtre à grandes feuilles se groupent en petites masses globulaires et forment des pompons miniatures suspendus à de longs pédoncules.

Au sud du Québec, les hêtres à grandes feuilles peuplaient les forêts rencontrées par les premiers colons où ils s'entremêlaient aux bouleaux jaunes et aux pruches du Canada, entre autres. Mais le plus souvent, lorsque le sol était bien drainé, le hêtre à grandes feuilles s'associait à l'érable à sucre. Ces deux essences dites tolérantes engendraient à qui mieux mieux une nombreuse progéniture de jeunes arbres aptes à

C.M.

Les racines peu profondément enfouies du hêtre sont souvent l'occasion de s'amuser des allures drolatiques qu'il prend parfois. En effet, il n'est pas rare que, comme le spécimen ici représenté, les hêtres semblent marcher sur la pointe des pieds pour ne pas déranger les autres créatures de la forêt.

C.M.

Véritable petite armure, l'involucre brun rougeâtre hérissé d'épines molles se lignifie et durcit au fur et à mesure que mûrissent en son ventre deux ou trois petites noix triangulaires comestibles : les faînes.

C.M.

Une forêt de hêtres à maturité ferme littéralement le ciel. Imaginez le spectacle à l'automne, quand les feuilles prennent des teintes lumineuses de jaune et d'orangé ponctuées des sombres involucres prêts à libérer les faînes!

supporter l'ombre projetée par leurs aînés. Puis, les jeunes arbres se développaient à un point tel qu'ils en arrivaient à dominer les essences dépendantes d'un plus fort niveau d'ensoleillement. Au terme d'une succession végétale réglée comme papier musique, tantôt les érables à sucre, tantôt les hêtres à grandes feuilles formaient des peuplements purs. Une forêt de hêtres réussissait à « fermer le ciel » et à générer une ombre très rafraîchissante.

Il fallait voir les immenses volées de tourtes en migration à l'automne s'abattre sur les hêtraies colorées de jaune orangé pour y dévorer les faînes oléagineuses, carburant pour le reste du voyage! En décimant ces nuées d'oiseaux qu'ils appelaient pigeons voyageurs, les premiers colons ont rapidement appris à reconnaître sur le terrain les peuplements de hêtres et à les associer à la présence des sols les plus riches dont leurs racines sont friandes. Cette terre nourricière offrait le meilleur potentiel pour la production vivrière; c'est pourquoi de nombreuses hêtraies sont disparues au profit d'exploitations agricoles. La gourmandise du hêtre aura causé sa perte! Le démantèlement de la forêt d'origine s'est poursuivi il y a deux siècles, lorsque de nombreux propriétaires terriens ont vendu leur bois. Des changements irréversibles se sont alors opéré dans la composition des forêts du sud du Québec : les hêtres et les bouleaux jaunes (appelés couramment merisiers) ont pour ainsi dire disparu de plusieurs forêts. C'est ce qu'on appelle l'erreur méridionale.

Afin de reconstituer la façon de vivre des anciennes forêts du Québec, les écologistes ont étudié à la loupe l'érablière sucrière à hêtre à grandes feuilles et à pruche de la réserve écologique du Boisé-des-Muir, située non loin de Huntingdon. Cette forêt est l'idéal du laboratoire vivant. Au fil des ans, seules de minimes perturbations l'ont touchée, car la famille Muir qui en a été propriétaire entre 1830-1989 en a pris soin comme de la prunelle de ses yeux. Les plus vieux individus y sont âgés d'environ 300 ans et la forêt, jeune encore, évolue vers la hêtraie à pruche.

En 400 ans, la grande région de Québec a connu, elle aussi, la déforestation, l'agriculture puis l'urbanisation. Cette dernière est sans doute la pire calamité, car en ville, solitaire, le hêtre souffre. C'est pourquoi il est primordial de protéger tous les sites où s'est réfugié ce vestige de nos écosystèmes forestiers d'origine, que ce soient les boisés urbains ou les milieux naturels sensibles constituant la ceinture verte de Québec. Rien n'est plus beau que les hêtres des parcs du boisé Saint-Félix à Saint-Augustin-de-Desmaures, et de la Montagne-Des-Roches dans l'arrondissement de Charlesbourg.

Hêtre pourpre

Fagus sylvatica f. *purpurea* (Ait.) Schneid.
Copper Beech

Le hêtre pourpre est une variété naturelle du hêtre européen, proche parent de notre hêtre à grandes feuilles. Tandis que le hêtre à grandes feuilles a des feuilles au pourtour nettement en dents de scie traversées de 9 à 14 paires de nervures parallèles, son cousin européen présente des feuilles aux dents plus fines et aux nervures moins nombreuses, soit entre 5 et 9 paires.

C.M.

À Québec, impossible de se tromper, on ne connaît qu'un seul hêtre pourpre : il se trouve sur le terrain de la fabrique de l'église de la paroisse Mgr-François-de-Laval (ci-contre). Cette paroisse a été créée en 1923 par le cardinal Bégin après le découpage du territoire de la paroisse de Saint-Charles-de-Limoilou. Notre hêtre pourpre se trouve près de la seconde église à avoir été construite, entre 1946 et 1949, selon les plans réalisés par Adrien Dufresne. Cette architecte, né en 1904 à Beauport, serait à l'origine de la présence de cet unique hêtre pourpre à Québec.

C.M.

Le hêtre européen présente des feuilles aux dents plus fines, aux contours plus flous et aux nervures moins nombreuses que le hêtre indigène du Canada.

À Québec, on ne connaît qu'un seul hêtre pourpre, et il y a maintenant 20 ans qu'on l'observe. Lui ne semble ni broncher ni croître, comme s'il était suspendu dans le temps. Ce spécimen se trouve sur le terrain de la fabrique de l'église de la paroisse Mgr-François-de-Laval, qui s'appelait à l'origine Saint-Pascal-Baylon. Cette paroisse a été créée en 1923 par le cardinal Bégin après le découpage du territoire de la paroisse de Saint-Charles-de-Limoilou. Une première église y a été érigée, mais notre hêtre pourpre se trouve près de la seconde église à avoir été construite, entre 1946 et 1949, selon les plans réalisés par Adrien Dufresne. Cette architecte, né en 1904 à Beauport, serait à l'origine de la présence de ce seul hêtre pourpre de Québec. Son parcours peu commun pourrait l'avoir mis en contact avec le hêtre européen et sa variété pourpre, une espèce très prisée des aménagistes paysagers. Dufresne a d'abord étudié au Petit Séminaire avant d'entrer à l'École des beaux-arts de Québec alors qu'il avait à peine 20 ans; c'était en 1924. Il était déjà en communication avec l'architecte et moine bénédictin européen Dom Paul Bellot, qui allait devenir son maître à penser. Boursier à la fin de ses études, en 1931, il va parfaire sa formation en architecture en France auprès de Dom Bellot. En compagnie de son mentor et d'autres professionnels, Dufresne a sans doute eu l'occasion de visiter de grands parcs, tels le Bois de Boulogne ou le Bois de Vincennes, où existent des spécimens aujourd'hui bicentenaires de hêtre pourpre.

C.M.

Hippocastanacées

Les marronniers

Les marronniers, au nombre de 13 espèces, sont des arbres ou de gros arbustes distribués dans une bonne partie des forêts de l'hémisphère Nord et en Amérique du Sud. Le plus connu et sans doute celui qui a été le plus planté un peu partout sur la planète, et depuis fort longtemps, est le marronnier d'Inde, en vérité originaire des Balkans. Deux marronniers d'origine américaine, le marronnier à fleurs jaunes et le marronnier de l'Ohio, emblème de l'état du même nom, semblent également s'être miraculeusement implantés à Québec ! Attention : tous trois produisent des marrons qui ne sont pas comestibles, voire toxiques.

Les marronniers sont toujours des arbres d'assez faibles dimensions, dont la cime étalée se développe sur un fût court. Typiquement, l'écorce du tronc et des robustes rameaux devient écailleuse avec l'âge et dégage une odeur nauséabonde si on la blesse ! Leurs énormes feuilles composées se font face de part et d'autre des rameaux. On les dit palmées, car elles sont découpées de 5 à 7 folioles qui rayonnent, tels les doigts d'une main, autour de leur point d'attache au pétiole. Au moment de la chute des feuilles, le long pétiole dodu laisse sur le rameau une cicatrice en forme de bouclier, elle-même

Genre *Æsculus*

Æsculus est le nom latin que Pline l'Ancien avait donné à un chêne (*Quercus*) dont la graine était comestible. Comme le mot vient de *esca*, qui veut dire nourriture, l'éminent écrivain et naturaliste romain référait sans doute à la farine moulue à partir des amandes de certains glands de chêne. Le botaniste Linnée s'est peut-être servi du même nom pour désigner les marronniers, pourtant non apparentés aux chênes, du fait que leurs graines, les marrons, ressemblent à des noix.

C.M.

Tout comme les feuilles des marronniers s'opposent, les bourgeons se font face de part et d'autre des rameaux. À leur extrémité se trouve en sus un énorme bourgeon où se cachent le plus souvent, au creux des écailles imbriquées, deux feuilles en puissance et une inflorescence ! Un chef-d'œuvre de miniaturisation !

ponctuée de plus petites cicatrices ; ces cicatrices marquent l'emplacement des vaisseaux qui assuraient la circulation de la sève entre la feuille et le rameau. Année après année, les rameaux s'allongent pendant que s'étire la série de cicatrices triangulaires gravées à jamais dans leur chair. Il en va de même chez tous les feuillus, sauf que les empreintes du temps sont plus importantes chez les marronniers vu le fort diamètre de leurs pétioles.

Les marronniers étant monoïques, les inflorescences coniques qui se dressent à partir de leurs très gros bourgeons apicaux contiennent chacune de très nombreuses fleurs aux pétales inégaux, appartenant toutes à un même sexe, sauf quand parfois, au bas des inflorescences, se trouvent des fleurs parfaites, c'est-à-dire mâles et femelles à la fois. À maturité, on observera donc des inflorescences de fleurs fanées aux côtés de grappes de fruits. Les bogues des fruits, ces enveloppes hérissées de piquants qui empruntent la texture du cuir, s'entrouvrent par trois valves pour accoucher d'une à trois grosses graines lisses, foncées et brillantes, appelées marrons !

Marronnier à fleurs jaunes

Æsculus flava Ait.
Yellow Buckeye

Le marronnier à fleurs jaunes appartient au groupe des marronniers indigènes nord-américains affectueusement baptisés *buckeyes*. Ses bogues vertes mouchetées de brun sans épines accouchent de deux grosses graines ; ces marrons bruns et luisants marqués du sceau d'une grosse cicatrice pâle, appelée hile, ressemblent aux yeux d'un chevreuil, d'où leur surnom. Malgré ces yeux de biche, ils sont toxiques pour toute créature qui s'aviserait de les consommer, à moins qu'elles ne soient spécialement apprêtées à la manière des Autochtones du sud-est des États-Unis, qui arrivaient à en retirer le principe amer et à les transformer en farine hautement nutritive.

Les semences empoisonnées du marronnier à fleurs jaunes ont eu leur utilité à une certaine époque. À partir de ses graines, les relieurs préparaient une pâte à base de fécule dont ils se servaient pour relier les livres qu'ils souhaitaient conserver à l'abri des insectes…

Le marronnier à fleurs jaunes, originaire des régions montagneuses du sud-est des États-Unis est celui qui atteint la plus forte stature parmi toutes les essences du genre *Æsculus*. Il n'est vraiment pas souvent cultivé, que ce soit à l'échelle de l'Amérique du Nord ou au Québec. Pourtant, il n'est pas sans charme : son écorce de couleur brun foncé révèle souvent des écailles glauques en surface, et jaune brillant ou écarlates sur le tronc; la coloration des pétales inégaux de ses fleurs varie du jaune au rose et même au rouge, ce qui séduit les oiseaux-mouches. Mais son principal attrait est sans doute son feuillage automnal dont le coloris oscille des pastels aux couleurs vives, contrastant le jaune, le rose saumon, l'orange et parfois un peu de rouge sur le pâle revers des feuilles.

C.M.

Le marronnier jaune n'est pas sans charme : son écorce de couleur brun foncé révèle souvent des écailles glauques en surface, et jaune brillant ou écarlates sur le tronc.

À ce jour, les seuls marronniers à fleurs jaunes connus de la capitale se trouvent à l'emplacement du premier cimetière de la Nouvelle-France, situé à la Côte-de-la-Montagne, où 300 Amérindiens et Français ont été inhumés des débuts de la colonie jusqu'en 1687. Cet endroit est situé en contrebas du Parc Montmorency, créé en 1898, par le maire de Québec, Simon-Napoléon Parent.

Marronnier d'Inde

Æsculus hippocastanum L.
Common Horse Chesnut

C.M.

L'inflorescence du marronnier d'Inde comporte une multitude de toutes petites fleurs oscillant d'un blanc crémeux ponctué de jaune à un blanc pur panaché de rouge!

Originaire de la péninsule des Balkans, le marronnier d'Inde croît à l'état sauvage au nord de la Grèce, en Albanie et en Bulgarie. C'est de la Turquie, plus précisément de Constantinople, que cette espèce hautement ornementale a gagné les jardins de l'ouest de l'Europe où elle a été plantée pour la première fois en 1576, par le médecin Charles de l'Escluse (*Clusius*) dans les jardins impériaux qu'il dirigeait à Vienne. Au terme d'un périple aussi compliqué, pas étonnant que l'on ait cru longtemps que ce marronnier provenait de l'Inde…

Arbre des grands boulevards et des rues de banlieue, les marronniers d'Inde sont nombreux à Paris, en bordure des Champs-Élysées. Cette essence se plaît aussi particulièrement dans de grands espaces tels les parcs, les terrains de golf, les campus et les cimetières où, sans gêne, elle projette son ombre opaque. Chaque année, nombre de visiteurs affluent vers Bushey Park, près de Londres, afin d'y admirer la floraison des marronniers, là où certains spécimens datent de la plantation d'origine, soit 1699. Ces spécimens tricentenaires éclipsent de loin les marronniers en sol québécois où ils atteignent rarement les 100 ans, et de peine et de misère. Notre climat rigoureux heurte leur sensibilité. S'ils sont exposés aux vents dominants, en hiver, ils risquent de développer sur leurs rameaux des engelures susceptibles à leur tour de laisser entrer la maladie. Bien que le marronnier d'Inde soit installé depuis fort longtemps au cœur des grandes villes de la planète, notre écosystème urbain chamboulé semble ne pas lui convenir. La pollution atmosphérique et la canicule font roussir son feuillage. De plus, nos gelées tardives printanières bouleversent l'éclosion de ses bourgeons. Cette sensibilité aux gelées est si caractéristique qu'à Genève, depuis 1808, on enregistre chaque année le moment de l'apparition de la première feuille des marronniers afin de recueillir des données sur l'influence exercée par le climat... et son réchauffement sur la végétation.

Bravement, il faut persister à cultiver le marronnier d'Inde pour sa cime en forme de cloche et son tronc tors orienté dans le sens des aiguilles d'une montre ! De plus, sa ramification particulière, faite de grosses branches qui plongent pratiquement jusqu'au sol avant de retrousser à l'extrémité, lui donne l'allure d'un candélabre géant. Enfin, au moment de la floraison, il se couvre des mille feux de ses inflorescences qui regroupent chacune de 100 à 200 fleurs aux blancs purs ou crémeux ponctués de jaune ou de rouge. L'art de la démesure !

C.M.

S.H.

Les bourgeons du marronnier d'Inde prennent la forme de dattes collantes et leur éclosion dépend largement de la chaleur printanière. Le dessin de l'auteure montre un rameau en hiver avec ses gros bourgeons.

C.M.

Les marrons des trois espèces de marronniers sur le territoire de la capitale ne sont pas comestibles !

C.M.

La taille respectable de ce marronnier d'Inde à Québec a de quoi surprendre. C'est sur le boulevard Bastien qu'on peut admirer sa dense cime en forme de cloche et son tronc tors caractéristique. ▸

Marronnier de l'Ohio

Æsculus glabra Willd.
Ohio Buckeye

C.M.

D'apparence anodine, les gros bourgeons d'où naîtront les fleurs et les feuilles du marronnier de l'Ohio sont enrobés d'écailles triangulaires brun pâle couvertes d'une pruine poudreuse.

C.M.

Les inflorescences du marronnier de l'Ohio déploient des fleurs constituées de quatre pétales jaune verdâtre dont la paire supérieure est parfois rayée de rouge. En leur creux, sur de longs fils recourbés sept étamines couronnées d'anthères orange s'offrent à la vie.

Le marronnier de l'Ohio fait partie des espèces indigènes nord-américaines de marronniers. Elles portent toutes le nom imagé de *buckeyes* qui évoque la ressemblance entre leurs graines luisantes et les yeux des chevreuils. Longtemps, on a cru le marronnier de l'Ohio exclusivement originaire du centre et du sud-est des États-Unis. Mais, oh surprise, une colonie de cette espèce a été découverte en 1982 sur l'Île de Wampole, au sud de l'Ontario, et sa présence a été confirmée dans les prairies canadiennes.

Cette essence au port pittoresque, semblable à celui du marronnier d'Inde, lui est supérieure au point de vue de la rusticité. Ces caractéristiques prisées des connaisseurs ont sans contredit beaucoup inspiré Frederick G. Todd, le jeune architecte paysagiste chargé, en 1908, de réaliser le plan d'aménagement du parc de la Commission des champs de bataille nationaux. Aussi avait-il prévu la plantation de six de ces arbres se comportant comme des espèces autochtones, en bordure de l'avenue George VI, à l'entrée des Plaines vis-à-vis la colline parlementaire. Deux sujets s'y trouvent toujours, et leur feuillage ne manque pas d'ajouter une touche d'exotisme aux lieux. Leur floraison, vers le 2 juin, est certes moins spectaculaire que celle du marronnier d'Inde, mais le parcours qui y conduit est tout à fait fantastique.

Les bourgeons dorment tout l'hiver, à l'extrémité des rameaux trapus et retroussés du marronnier. À la faveur de la chaleur s'installant subrepticement au printemps, chacun d'eux se gonfle : leurs écailles internes colorées de vert jaunâtre et d'un rose profond dévoilent leurs charmes tandis que leurs écailles extérieures se rabattent comme les pétales des grandes fleurs. À leur tour, les écailles intérieures se replient sur elles-mêmes ; c'est alors que se pointent les deux frêles nouvelles feuilles du marronnier, dont les 5 ou 7 folioles pliées imitent les doigts de menottes. Entre elles bientôt émergera une mini inflorescence gorgée de boutons de fleurs ressemblant à des raisins verts. Avec la tiédeur printanière grandissante, les feuilles jaune verdâtre sur le dessus, plus pâles en dessous, atteindront bientôt leur plein épanouissement. Les inflorescences ouvertes feront de même et déploieront leurs fleurs jaunâtres, dont les sept étamines couronnées d'anthères orange émergent de leur creux sur de longs fils recourbés.

Pinacées

Les mélèzes

C.M.

Genre *Larix*
Le mot *Larix* est tout simplement l'ancien nom latin du mélèze; il a aussi inspiré leur nom anglais *larch*.

S.H.

C.M.

Ces cônes viennent du mélèze hybride; une fois fécondés, les cônes femelles pleurent des larmes de résine.

Le genre botanique auquel appartiennent les mélèzes a été fort bien représenté durant les périodes géologiques antérieures à la nôtre. Aujourd'hui, il ne comporte plus qu'une dizaine d'espèces de conifères dont le feuillage est caduc. Ces taxons sont éparpillés aux quatre coins de la terre, dans les forêts de l'est et de l'ouest de l'Amérique du Nord, de l'Europe et de l'Asie, que ce soit au niveau de la mer, à l'étage alpin ou même à la limite arctique des arbres. Le mélèze laricin est la seule espèce indigène à l'est de l'Amérique du Nord où il atteint de très nordiques latitudes. Le mélèze d'Europe est capable d'affronter le climat continental froid, si bien qu'il est abondamment utilisé pour le reboisement aux États-Unis; il y est également important en horticulture ornementale, tout comme sur le territoire de la capitale nationale, mais à un degré moindre.

Les mélèzes possèdent un tronc bien droit qui traverse des étages successifs constitués de branches verticillées sur lesquelles s'attachent des rameaux souvent pleureurs parsemés de dards. Ces dards sont en fait de petites pousses de diverses longueurs dont la croissance est lente et auxquelles s'attachent des bouquets d'aiguilles en faisceaux très fournis de 10 à 60 aiguilles plates et carénées, c'est-à-dire présentant une saillie telle la quille d'un navire. Les aiguilles flexibles, sessiles et douces, sont vert pâle, marquées de deux bandes de points blancs en dessous et de points peu apparents sur le dessus. On retrace l'histoire de la croissance d'un mélèze sur ses dards : sur ceux-ci sont dessinées à divers niveaux des cicatrices annelées indiquant les points d'attache des aiguilles au cours des années précédentes. Les rameaux « standards », les « leaders » dont la croissance est rapide sont quant à eux couverts d'aiguilles disposées en spirale. Avec les années, ces rameaux cannelés se couvrent d'un réseau de petites aspérités, les coussinets, où étaient fixées jadis les aiguilles tombées.

Leur « floraison » se produit début mai, à Québec. Généralement chez un même individu, et c'est aussi le cas chez de nombreux conifères, les conelets femelles sont beaucoup plus nombreux dans la portion supérieure, et les cônes mâles plus nombreux dans la portion inférieure. C'est ainsi qu'en fin de saison, on observe à la

S.H.

À l'extrémité des courtes pousses du mélèze, non seulement observe-t-on la production annuelle d'un bouquet d'aiguilles issu d'un bourgeon rouge sang, mais aussi leurs inflorescences. Ce sont tantôt des cônes mâles plutôt blêmes, tantôt, comme ci-dessus, des conelets femelles érigés, charnus, vivement colorés, fait d'écailles entremêlées de bractées papyracées.

C.M.

Les mélèzes possèdent une silhouette bien caractéristique. Leur tronc droit bien dessiné est résolument dirigé vers le ciel; il traverse des étages successifs de branches verticillées sur lesquelles s'attachent des rameaux souvent pleureurs parsemés de structures ressemblant à de gros boutons, appelées dards.

tête du mélèze les cônes femelles fécondés qui ont déjà mûri leurs graines mais qui demeurent suspendus à l'arbre. Chez le mélèze d'Europe, ils peuvent ainsi demeurer accrochés durant une dizaine d'années!

Mélèze d'Europe

Larix decidua P. Mill.
European Larch

Le mélèze d'Europe est un miraculé! Il fait partie du peu d'espèces de conifères européennes qui ont survécu aux vagues successives de glaciations à l'extérieur du bassin méditerranéen, soit l'épinette de Norvège, le pin cembro, le pin mugo, le pin noir d'Autriche et le pin sylvestre.

S.H.

C.M.

La couleur magenta des cônes femelles, quand ils s'ouvrent pour la fécondation, va en s'estompant après la fécondation. On peut en observer de beaux spécimens à l'arboretum du domaine Maizerets.

Chez le mélèze d'Europe, un grand gaillard pouvant atteindre 40 m de hauteur et un diamètre à la souche de 1 m, la stratégie de survie a consisté à se réfugier en montagne. Ainsi le trouve-t-on dans les Alpes et les Carpates, à des altitudes variant de 1 200 à 2 400 m, à la limite du « supportable » pour un arbre! Bien que ce mélèze soit le seul conifère à perdre ses aiguilles ou à se dénuder en hiver, il peut affronter des températures de – 50 °C! Un long repos hivernal et une courte saison de végétation de trois ou quatre mois contribuent à conserver une certaine fraîcheur à ce mélèze réputé pouvoir vivre jusqu'à 500 ans et dont certains sujets de 2 000 ans ont été répertoriés.

Le mélèze d'Europe est également un arbre pionnier, de lumière, et à cause de son excellent et imputrescible bois, on le qualifie de « chêne des montagnes ». Sa belle cime conique s'habille au printemps d'un vert clair très doux tandis que ses grosses branches, inclinées vers le sol, et ses rameaux délicieusement pleureurs se couvrent de leurs molles aiguilles. Celles-ci, devenues rousses ou orangé vif, à l'automne, enflamment le paysage. Pas étonnant que le mélèze d'Europe soit devenu un arbre d'ornement fréquemment planté dans l'est de l'Amérique du Nord.

Mélèze de Dunkeld

Larix x marschlinsii Coaz.
Dunkeld Larch

Le mélèze de Dunkeld est un hybride issu du mélèze japonais et du mélèze européen. Le nom d'*eurolepis*, qui lui a été attribué en 1919, résulte de la contraction du nom en usage pour ses deux parents à cette époque : *Larix europæa* et *Larix leptolepis*.

Le mélèze de Dunkeld est apparu pour la première fois parmi la progéniture issue de semis du mélèze du Japon

(*Larix Kæmpferi*) réalisés en 1901 dans le parc du Château de Marschlins, situé dans le canton de Graubünden, en Suisse. Il est aussi apparu dans des circonstances tout à fait indépendantes, autour de 1904, à Dunkeld dans le Pertshire, en Écosse. Ce croisement a semblé subséquemment se produire spontanément avec une relative fréquence. De tels hybrides possèdent habituellement une vitesse de pousse et une luxuriance de la croissance supérieure à celles de l'un et l'autre de leurs deux parents ; le mélèze de Dunkeld ne fait pas exception. Celui-ci est attesté en Amérique du Nord en 1907, ou un peu avant, et on commence à le commercialiser vers 1917. Il a rarement été offert en catalogue sous son vrai nom, mais on peut encore observer certains spécimens cultivés et distribués sous les noms de mélèze européen ou de mélèze du Japon dans certains parcs ou dans certaines collections.

C.M.

Comme il arrive souvent avec les hybrides, le mélèze de Dunkeld a une vitesse de pousse et une croissance supérieures à celles de ses parents. On rencontre cette espèce de mélèze, entre autres, au Parc des Moulins à Québec.

Mélèze laricin

Larix laricina (Du Roi) K. Koch

Tamarack, Eastern Larch, American Larch

C.M.

Le mélèze laricin est la seule espèce indigène qui pousse dans toutes les provinces et tous les territoires canadiens, et jusqu'aux latitudes les plus nordiques ; il pousse même l'été sous le soleil de minuit. Ses longévités records sous nos climats se situent autour de 400 ans !

Quoi de plus étrange que le nom spécifique du mélèze laricin ; en effet, *laricina* signifie « qui ressemble à un mélèze ». En fait, il remonte à l'époque où cette espèce était plutôt assimilée aux pins et s'appelait *Pinus laricina* à cause de sa ressemblance avec le mélèze d'Europe (*Pinus decidua*). Confiné en montagne, ce dernier était méconnu des premiers colons français qui n'ont pu faire le lien avec les tout nouveaux conifères dont ils faisaient la découverte en Amérique. Ils ont donc donné aux mélèzes le nom d'épinettes rouges, tout comme Pierre Boucher dans son *Histoire véritable et naturelle de la Nouvelle-France* publiée en 1664. Au XIXe siècle, on disait la Grande-Allée à Québec pavée d'épinettes rouges, et le vocable était encore utilisé vers 1910 lors de l'aménagement des grandes artères de la ville ; certains irréductibles l'emploient encore de nos jours. On donne aussi parfois au mélèze laricin un nom vernaculaire curieux, celui de « violon ».

Le mélèze laricin, la seule espèce de mélèze indigène de l'est de l'Amérique du Nord, pousse à travers toutes les provinces et territoires canadiens. C'est l'arbre qui, de toutes les espèces nord-américaines, atteint les latitudes les plus nordiques : aux confins de la portion la plus septentrionale de sa distribution naturelle, il pousse l'été, sous le soleil de minuit ! Au moment du solstice, il s'agit probablement de l'espèce indigène qui dégage le plus de tendresse. Au milieu des troncs aux allures

S.H.

C.M.

Chez le mélèze hybride et le mélèze laricin, comme chez tous les mélèzes, les cônes mâles sont discrets alors que les cônes femelles sont de couleur vive. On voit ici de jolis bouquets d'aiguilles au printemps, alternant avec les cônes mâles et femelles, comme sur une corde à linge.

de corps morts desquels se détache une écorce aux accents de rouille, sur des rameaux apparemment inanimés, desséchés et cassants, on assiste à la renaissance annuelle de jolis bouquets d'aiguilles vert tendre et à la floraison de petits cônes violacés!

Spécialiste des stations froides et mouillées, le mélèze laricin forme des peuplements purs, presque linéaires, en bordure des tourbières. Certains individus peuvent même y atteindre 150 ans car, sous l'eau, leur bois gorgé de résine résiste à la pourriture. Les Amérindiens convoitaient les mélèzes qui avaient longtemps séjourné sous l'eau, particulièrement aux abords des barrages de castors. Ils utilisaient leurs fines racines, à la fois souples et résistantes, en guise de fil à coudre pour fabriquer leurs canots d'écorce. Les mélèzes, comme les bouleaux blancs, font donc partie de la diversité des arbres impliqués dans la confection des canots.

Ce mélèze laricin remarquable est situé à Saint-Augustin-de-Desmaures. ▾

C.M.

C.M.

Juglandacées
Les noyers

Il y a plus de quatre millions d'années, bien avant l'apparition de l'humain, nombreuses étaient les espèces de noyers réparties aux quatre coins du globe. Aujourd'hui, il n'y en a plus qu'une vingtaine, et elles sont confinées aux forêts des Amériques, des Caraïbes, du sud de l'Europe et de l'Asie méridionale ou orientale. La précieuse espèce *Juglans regia*, répandue dans toutes les zones floristiques principales de la planète, produit pour nous les noix de Grenoble.

Les noyers se caractérisent par une écorce, un feuillage et des fruits fortement aromatiques. « Allergiques » à la concurrence et avides de lumière, ils poussent à l'extrême leur intolérance à l'ombre en ne produisant du feuillage qu'en périphérie de leur cime. Avec les ans, le faîte des noyers devient donc de plus en plus clairsemé à l'intérieur à mesure que se dégarnissent ses branches costaudes. Ne restent plus, sur les épais rameaux, que des cicatrices en forme de face de primate témoignant de l'emplacement où étaient jadis attachées les énormes feuilles !

Les noyers sont des espèces monoïques, car leurs fleurs unisexuées, mâles ou femelles, sont dissemblables

Genre *Juglans*

La famille des Juglandacées (*Juglans*) comprend les caryers et les noyers. Le nom du genre, *Juglans*, résulte de la contraction des mots latins *Jovis* (Jupiter) et *glans* (gland), les noyers, les chênes et les hêtres célébrant sans doute la puissance du dieu Jupiter !

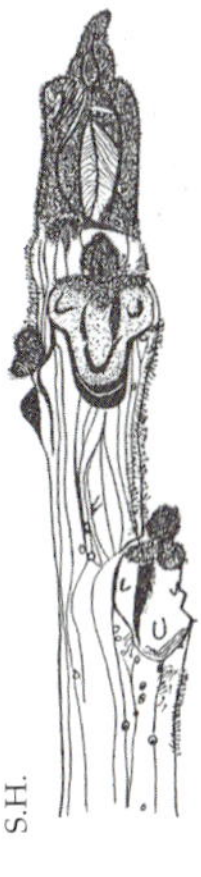

Rameau d'un noyer cendré arborant un bourgeon, et une cicatrice vestige de l'année précédente.

S.H.

C.M.

Les chatons des fleurs mâles passent l'hiver sous forme de petits bourgeons écailleux coniques et s'allongent au printemps auprès du feuillage naissant. ▲ ▼

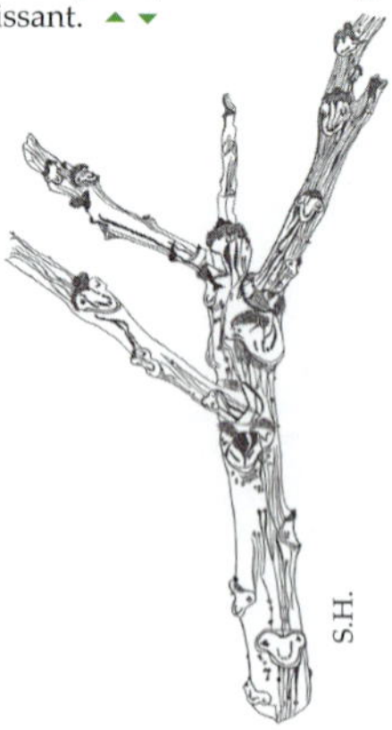

S.H.

Noyer cendré

Juglans cinerea L.

Butternut

S.H.

Au printemps, les feuilles des pousses du noyer cendré se déploient d'abord pendant que les chatons des fleurs mâles, asynchrones, ne sont pas encore mûrs.

en plus d'être situées à différents emplacements d'un même arbre. Leur floraison et leur très tardive feuillaison se produisent simultanément, environ trois semaines avant le solstice. Alors s'épanouissent les longs chatons des fleurs mâles, issus de petits bourgeons coniques écailleux disposés latéralement sur les rameaux de l'année précédente, où ils ont dormi tout l'hiver. Deux semaines plus tard se pointent, parmi les pousses de l'année, les épis dressés formés de deux à huit fleurs femelles. Celles-ci sont coiffées de stigmates plumeux à l'affût du pollen. Ce manque de synchronicité dans la maturation des fleurs mâles et femelles, sur un même arbre, s'appelle la dichogamie : il force en quelque sorte les noyers à « socialiser » et à se féconder entre eux. La diversité génétique est ainsi entretenue, d'une génération à une autre ; il y va de la survie de la race dans nos faibles populations de noyers.

Une fois la laborieuse fécondation des fleurs femelles réalisée, de courts épis de fruits se développent à l'extrémité des pousses. Appelés drupes, ces épis sont formés d'un brou charnu coriace qui emprisonne la noix proprement dite ; la noix, dont la surface est cannelée ou sculptée à la manière d'un noyau de pêche, est très dure. À l'intérieur, enfin, se trouve l'amande comestible quadrilobée, nommée cerneau.

Le noyer cendré est une espèce autochtone de l'Amérique du Nord, et sa distribution est plus nordique que celle du noyer noir. En milieu naturel, il ne se trouve pas en peuplement pur, mais en association avec d'autres feuillus. En culture, on le trouve depuis très longtemps en Europe, en fait depuis que John Tradescant II l'y a introduit au retour de son premier voyage en Amérique du Nord, en 1629.

Son nom spécifique *cinerea*, dérivé du mot latin *cineris* signifiant poussière-cendre, évoque la couleur gris pâle de son écorce. Le nom anglais, *Butternut*, fait plutôt référence à ses fruits oléagineux. Les Amérindiens faisaient du beurre à partir de l'huile qu'ils extrayaient de ses noix comestibles en les faisant bouillir. Ils se délectaient de leurs amandes et les entaillaient pour en récolter la sève sucrée. La généreuse montée de sève printanière chez le noyer cendré était bien connue de nos ancêtres. Certains ont même raconté avoir vu pleurer des troncs de noyer abattus. Autrefois, on pouvait se procurer ces noix dans les marchés de Montréal en saison.

Les fruits que l'on voit attachés en solitaire ou en groupes de deux, trois, quatre ou cinq à l'extrémité des pousses de l'année sont en fait des noix emprisonnées dans des brous qui ne s'ouvrent pas d'eux-mêmes. Il faut donc les en extirper au prix d'un effort « coloré » ; en effet, les brous pointus et visqueux teignent les doigts de façon tenace. C'est cette teinture extraite des brous et de l'écorce du noyer qui a servi à teindre les uniformes des soldats de la guerre de Sécession américaine, d'où leur surnom de « butternuts ».

Les noix demeurent très appréciées des écureuils qui contribuent à la dissémination de l'espèce. Celle-ci, malheureusement décimée par la maladie du chancre du noyer cendré, se faisait déjà de plus en plus rare bien avant l'apparition de cette infection. À l'arrivée de Champlain, Québec était déjà recouverte depuis plus de cinq millénaires d'une forêt en grande partie constituée de l'érablière laurentienne, aussi nommée érablière à tilleul (d'Amérique). Cet écosystème forestier établi sur des sols bien drainés, riches en nutriments, était le lieu

C.M.

Chez les fleurs femelles du noyer cendré, les paires de stigmates rouges appétissants, en attente de pollen, surmontent des ovaires visqueux.

Aujourd'hui, le noyer cendré typique de notre forêt originale s'est réfugié dans les espaces boisés des grands domaines de l'arrondissement historique de Sillery. Rarement peut-on admirer de beaux spécimens, comme celui-ci, dans l'arrondissement Sainte-Foy-Sillery. ▾

C.M.

En 2005, le noyer cendré a été inscrit sur la liste des espèces menacées en vertu de la *Loi sur les espèces en péril* du Canada, en partie à cause du chancre du noyer cendré. Ce noyer cendré de belle envergure a grandi dans l'arrondissement Beauport et a probablement atteint son âge maximal. ▸

C.M.

C.M.

Ce sont les ovaires visqueux du noyer cendré qui deviendront les brous collants des noix. À leur tour, les noix feront la joie des écureuils qui participent volontiers à la dissémination de l'essence.

de prédilection des noyers cendrés qui s'y enracinaient profondément mais de façon éparse. Malheureusement, ces bonnes terres ont été les premières à être défrichées, et la population de noyer cendré a eu tôt fait de décliner. Aujourd'hui, cette espèce typique de notre forêt originale s'est réfugiée principalement parmi les espaces boisés des grands domaines de l'arrondissement historique de Sillery. On la trouve aussi disséminée dans la forêt du sud du promontoire, située à l'ouest de Cap-au-Diable, et à l'intérieur de certains îlots boisés conservés dans les quartiers résidentiels. Quelques individus subsistent, accrochés aux escarpements nord et sud du promontoire de la colline de Québec. Leur espérance de vie se limite à 80 ans tout au plus.

Noyer hybride Kilmarnock

Il est à Québec un noyer digne de mention, parce qu'il est unique. Unique en son genre, car il semble issu d'une hybridation spontanée. Unique par son âge et sa rareté, car aucun autre spécimen comparable n'a été répertorié à ce jour. Unique, enfin, par sa beauté. Unique, il le restera, car il est de plus stérile.

Ce mystérieux noyer hybride, on pourrait bien le baptiser Kilmarnock, car il pousse sur l'ancien domaine de ce nom, non loin de l'endroit où le commerçant James MacNider a fait bâtir sa maison, en 1815; Kilmarnock était le nom de sa ville natale d'Écosse. Cette maison monumentale en pierre existe encore de nos jours; c'est probablement la plus ancienne villa de Sillery, ce qui fait de notre noble hybride un témoin fidèle de l'histoire de Québec. Toutefois, il ne daterait pas de l'époque de MacNider mais plutôt du temps de John Graddon, propriétaire des lieux à partir de 1869. À cette époque, il y avait des vergers tout autour et peut-être même y en avait-t-il un sur la propriété. En ces temps-là, on cultivait les noyers en mélange avec d'autres variétés fruitières dans les vergers : deux espèces se seraient croisées...

C.M.

Les fleurs femelles de notre mystérieux noyer Kilmarnock ont des stigmates roses rouges alors que, chez le noyer noir, les stigmates sont le plus souvent de couleur blanc verdâtre.

On a longtemps cru qu'il s'agissait d'un noyer noir, mais ses fleurs femelles sont regroupées par cinq sur les rameaux, détail jamais observé auparavant sur le noyer noir où elles sont plutôt en groupes de deux ou trois. De plus, ses fleurs femelles ont des stigmates roses

C.M.

C.M.

Unique en tous points, ce noyer hybride est situé sur l'ancien domaine Kilmarnock à Sillery.

Noyer

rouges alors que, chez le noyer noir, les stigmates sont le plus souvent de couleur blanc verdâtre. Enfin, alors que l'ovaire est vraiment lisse chez le noyer de Kilmarnock, il a une texture grumeleuse glandulaire chez le noyer noir.

Il possède d'immenses feuilles composées, le plus souvent de 17 folioles, dont la foliole terminale est parfois ailée. Les folioles bordées de dents apprimées acérées sur leur pourtour, sont attachées à un rachis central velu. Et que dire de ses fruits stériles, qui ont la forme de balles de tennis, aux dires du propriétaire actuel !

Noyer noir

Juglans nigra L.
Black Walnut

Avez-vous déjà entendu dire que des arbres non abattus ont été volés par hélicoptère pendant la nuit ? C'est le cas de noyers noirs dérobés aux États-Unis. Cette espèce très recherchée des ébénistes y est originaire de l'est et du centre, où elle est devenue très rare. Certains arbres sont même vendus aux enchères alors qu'ils sont encore debout. Des vendeurs itinérants proposent de belles pièces de bois lourd, dur et résistant de noyer noir à certains clients ciblés, dans le but d'arrondir leurs fins

L'un des attraits du noyer noir est la couleur dorée de son feuillage à l'automne. Ce remarquable spécimen embellit le chemin Sainte-Foy. ▾

C.M.

de mois. Ce feuillu noble, essentiellement américain, pousse aussi naturellement au Canada, dans une petite portion de l'extrême sud de l'Ontario où il se fait encore plus rarissime. Il n'y a jamais fait l'objet d'exploitation commerciale. En Europe, cependant, on le cultive depuis 1686.

Au Québec, la première tentative d'introduction d'envergure de noyers noirs a été réalisée par Henri-Gustave Joly de Lotbinière en 1882. Le seigneur Joly a planté 10 000 noix de cet arbre sur son domaine. De cette plantation réalisée dans des conditions climatiques difficiles, pour une espèce plutôt méridionale, subsistent encore une centaine de spécimens. Phénoménal ! Mais au Québec et dans la région de la capitale nationale, le noyer noir est plutôt cultivé en petit nombre pour ses noix contenant une délicieuse amande, dans les vergers de certaines familles ou à titre d'arbre d'ornement. Partout, il est spécialement associé à la communauté protestante. C'est d'ailleurs un noyer noir que l'on avait planté vers 1846, à la cathédrale Holy Trinity du Vieux-Québec, à l'emplacement d'un orme d'Amérique vestige de la forêt d'origine, mort quelques années auparavant. Ce célèbre noyer noir a vécu durant 150 ans.

En Europe, au Moyen Âge, une superstition voulait que les esprits habitant les branches du noyer protègent le peuple de la fièvre, de la foudre et du mauvais sort. Pas étonnant ! Le noyer noir, dans tout son être, que ce soit au niveau des racines, de l'écorce, du feuillage et de ses fruits libère une puissante toxine appelée juglone. Ce composé réussit à empoisonner la majorité des plantes osant croître au pied du noble noyer, y compris les plantules issues de sa chair, sa propre progéniture ! Cette particularité du noyer, associée à son intolérance à son propre ombrage, font en sorte que les arbres d'une noiseraie naturelle sont toujours éloignés les uns des autres, en signe de respect mutuel. Cette toxine était bien connue des Amérindiens qui broyaient les brous pour en faire un poison destiné à tuer les poissons. Au cours des années 1930, les Québécois d'origine européenne ont, eux aussi, fabriqué une farine de brou servant d'insecticide.

C.M.

À la fin de la floraison, l'épi du noyer noir supporte trois fleurs femelles. Au bout des styles étirés des fleurs, on peut voir leurs paires de stigmates plumeux.

C.M.

Chez le noyer noir, la pousse des feuilles glanduleuses et l'allongement des chatons des fleurs mâles, toujours au nombre de cinq, s'entament simultanément.

C.M.

Les fruits parfaitement globuleux du noyer noir, dont le brou parfumé à souhait est visqueux et empoisonné, invitent tout de même à la cueillette.

C.M.

Les ormes

Genre *Ulmus*
Le genre *Ulmus* porte l'ancien nom latin de l'orme. Il est représenté par 18 à 20 espèces toutes originaires des régions tempérées de l'hémisphère Nord, distribuées de l'est de l'Amérique du Nord, à l'Asie en passant par l'Europe. La famille des ulmacées comprend les ormes et le micocoulier.

C.M.

Étrangement, les géants que sont les ormes développent des milliers de toutes petites fleurs accrochées à de frêles pédoncules qui apparaissent avant la feuillaison.

Parmi les six espèces indigènes d'orme que l'on trouve en Amérique, trois se trouvent au Canada et deux sont répertoriées à Québec dès le début de la Nouvelle-France : l'orme rouge et l'orme d'Amérique. L'orme rouge, aujourd'hui apparemment disparu de la région de la capitale, poussait autrefois en bordure des cours d'eau. Son bois extrêmement durable et résistant aux alternances de sécheresse et d'humidité était utilisé pour la construction des moulins et des navires. L'intense activité de construction navale à Québec a sans doute contribué à son déclin.

L'orme d'Amérique partageait depuis 5 millions d'années les mêmes habitats que l'érable à sucre, le tilleul d'Amérique et le noyer cendré. Dans la région de la capitale nationale, on en dénombrait encore récemment 13 000 individus ! Malheureusement, le pronostic est sombre pour cette population en apparence importante : la maladie hollandaise de l'orme pourrait emporter 4 000 de ces arbres dans les prochaines années.

Notre forêt urbaine comprend également des espèces d'*Ulmus* étrangères qui ont été introduites en culture ornementale ; c'est le cas de l'orme de Sibérie, qu'on utilise le plus souvent pour la confection des haies. Parmi ces immigrantes, l'espèce arborescente la plus fascinante à Québec et qui lui est à toutes fins pratiques exclusive, est l'orme de montagne, dit orme d'Écosse. On s'est servi de cette essence à titre de porte-greffe chez certaines variétés.

Les ormes atteignent souvent de grandes dimensions, et leur tronc peut se rendre jusqu'à 1,50 m de diamètre, comme chez l'orme d'Amérique ; c'est pourquoi des racines contreforts viennent offrir un support additionnel aux troncs de ces colosses. Leur fût se divise visiblement, dans bien des cas, sous l'ensemble de la masse foliaire portée par les branches étalées ou arquées et les fins rameaux qui zigzaguent. Les rameaux ont une façon de croître à l'oblique, ce qui dicte la forme évasée ou en parasol caractérisque, notamment chez l'orme d'Amérique. Dans la plupart des cas, les épaisses feuilles des ormes sont asymétriques à la base, rugueuses ou pubescentes (velues) en surface et dessinées de nervures rectilignes aboutissant chacune à une grosse dent, séparée de la dent suivante par des crocs plus fins.

Curieusement, ces arbres parfois géants développent des milliers de toutes petites fleurs qui s'attachent à de frêles pédoncules très tôt au printemps, avant même que ne pointent les feuilles. Ces fleurs apétales contiennent les organes mâles et femelles de reproduction. Elles se fécondent entre elles au gré du vent qui transporte leur pollen. C'est donc par milliers que, chaque année, sont produits les volatiles fruits aplatis, nommés samares, chacune composée d'une graine centrale entourée d'une aile membraneuse dite papyracée. Il n'est donc pas étonnant que les ormes se reproduisent, ça et là, partout en ville, et avec une facilité déconcertante.

C.M.

L'orme d'Écosse, pratiquement exclusif à la région de Québec, possède des rameaux brun rougeâtre velus et ses feuilles à l'aspect rugueux se reconnaissent à leur extrémité coiffée de 3 à 5 pointes inégales.

C.M.

Les ormes atteignent des dimensions imposantes, notamment l'orme d'Amérique, et développent souvent des excroissances latérales à la base de leur fût : ce sont des racines contreforts offrant un support additionnel à leur tronc.

Orme blanc pleureur

Ulmus glabra
cv. *Horizontalis*
Horizontal Elm,
Weeping Wych Elm

L'orme blanc pleureur est en fait la version pleureuse de l'orme des montagnes. Il a été découvert en pépinière à Perth, en Écosse, autour de 1816. À l'origine, on a donné le nom de '*pendula*' à ce cultivar, celui-là même que le célèbre botaniste écossais John Claudius Loudon (1783-1843) publiait en 1838, dans son ouvrage *Arboretum et Fruticetum Britanicum*. Les branches principales de cet orme se déploient à l'horizontale alors que retombent les rameaux. Pour mieux faire ressortir l'aspect « triste à mourir » de ce petit original, on doit le greffer

C.M.

Ce remarquable orme blanc pleureur est situé à Québec sur la rue De Bridgewater dans l'arrondissement de Sainte-Foy-Sillery. ▲

à une bonne hauteur, sur un tronc d'orme de montagne, à la manière de l'orme de Camperdown. Il ressemble d'ailleurs à ce dernier, mais sa canopée aplatie est moins intéressante.

Orme d'Amérique

Ulmus americana L.
American Elm

S.H.

On voit ici des fruits de l'orme d'Amérique, cet arbre devenu emblème de la ville de Québec en 1991.

Les ormes d'Amérique ont une espérance de vie de 200 ans pourvu qu'on leur en laisse la chance. Imaginez : ils vont vivre 3 fois plus longtemps que nous, atteindre 20 fois notre hauteur et se tailler en cours d'existence une place de choix dans nos cœurs et notre imaginaire. Le folklore a fait de lui l'arbre du sommeil, de la sagesse et de la création. En Suède, on prétend que les femmes enceintes étreignaient des troncs d'orme pour faciliter leur accouchement. Peut-être cette pratique est-elle en lien avec l'aisance reconnue des ormes à se multiplier à partir de leurs propres semences. En effet, les semences de l'orme mûrissent très vite et germent facilement dès que les samares légères, au cœur desquelles elles sont enchâssées, ont touché terre !

Il en résulte des milliers de plantules ou de petits ormeaux, possiblement viables au terme d'une première saison de croissance, qu'on rencontre à l'intérieur des parcs, sur les vieux « squares », aux abords des rues résidentielles, des avenues ou même des boulevards. L'image des vieux ormes immenses qui forment, de leurs longues branches arquées, des voûtes au-dessus de la route est connue partout en Amérique du Nord. Depuis longtemps y favorise-t-on la plantation des ormes d'Amérique dont le long fût libre de branches à maturité, permet entre autres de mieux apprécier la somptueuse résidence d'un notable qu'ils ombragent! C'est ce que l'on observe à Québec sur la Grande-Allée où la collection d'ormes d'Amérique représente un des plus précieux trésors du patrimoine paysager urbain de toute la province! Pas étonnant que cette essence reine soit devenue l'emblème de notre ville en 1991. Notre forêt urbaine en contient 13000 sujets, vestiges des ormaies naturelles de La Canardière et de Duberger, de certains grands domaines auxquels s'ajoutent les survivants d'anciennes plantations. Si l'on examine notre toponymie, on se rend compte que, dans tous les quartiers, on célèbre notre emblème : parc de l'Orme et rue des Ormes-d'Amérique à Loretteville, rue des Ormes

Millicent Mary Chaplin (1790-1858), La cathédrale anglicane et Place d'Armes. Archives nationales du Canada.

Il y a eu un orme remarquable à la chapelle du monastère des Récollets près du Fort Saint-Louis. L'endroit serait l'actuel coin Place d'armes et rue du Trésor. Sous cet orme, sans doute le dernier de la forêt primitive, la légende veut que Champlain ait planté sa tente à son arrivée, et même que Jacques-Cartier s'y soit installé lors de son premier débarquement. Vers 1860, les chroniqueurs lui donnent déjà plus de 200 ans, vu ses quatorze pieds et un pouce de circonférence… Cet orme légendaire a traversé indemne les bombardements de 1759, mais il a fini par être renversé le 6 septembre 1845 par la forte bourrasque d'un nordet.

C.M.

Les rameaux des ormes ont tendance à croître à l'oblique, ce qui dicte leur forme évasée ou en parasol caractérisque. Ci-contre, un bel exemple de parasol chez un orme d'Amérique visible à Québec, au domaine Cataraqui.

C.M.

Il arrive que le tronc de l'orme d'Amérique se couvre d'étranges pousses, dites épicormiques. Ce sont de courts rameaux feuillés issus de bourgeons situés sous son écorce.

dans les quartiers Lairet et Des Chatels et, enfin, boulevard de l'Ormière du quartier Duberger-les-Saules.

Le plus majestueux et le plus gracieux des arbres d'Amérique du Nord, en ville ou à la campagne, il est aussi le plus facile à reconnaître à distance. Ses branches maîtresses ascendantes à peu près toutes implantées à un même niveau, à mi-hauteur de son fût, dessinent un éventail sur fond de ciel, se subdivisent à leur tour en branches arquées auxquelles sont attachés de fins rameaux retombants. Aussi parfois le traite-t-on de gigantesque plumeau ! En d'autres moments, son tronc se couvre d'étranges lianes appelées scientifiquement les pousses épicormiques : ce sont de courts rameaux feuillés issus de bourgeons situés sous son écorce. Enfin, à la gloire de cette espèce, on estime qu'un bon vieil orme porte environ un million de feuilles, l'équivalent d'une surface foliaire d'une acre !

Orme de Camperdown

Ulmus glabra 'Camperdownii'
(Henry) Rehd f.
Camperdown Elm

C.M.

De façon caractéristique, cet orme de Camperdown est greffé en tête à 1 m 50 du sol.

L'orme de Camperdown a été découvert vers 1840 à Camperdown House, près de Dundee, en Écosse. Issu de la germination d'une graine d'un orme de montagne, ce mutant avait la forme d'une petite créature tordue, rampant au sol. David Taylor, le jardinier en chef du comte de l'endroit, a tôt fait de greffer le petit Camperdown en tête, à une hauteur de 1,50 m du sol, sur le tronc d'un orme de montagne compatible afin de créer une nouvelle variété horticole. Celle-ci allait bientôt devenir l'apanage des parcs royaux d'Angleterre.

C'est à Québec, en 1870, qu'il a été introduit pour la première fois en Amérique du Nord. Il a été planté pour le lieutenant-gouverneur, René Édouard Caron, et sa compagne, Joséphine de Blois, tous deux férus d'horticulture à leur domaine de Clermont (arbre aujourd'hui disparu) puis au Bois-de-Coulonge où ils avaient élu domicile.

Cet orme contorsionniste semble presque marcher sur la tête en raison de ses branches tortueuses qui ressemblent à des racines. Fortement pleureur, ses pousses retombent presque au sol quand elles sont chargées de samares ; l'orme prend alors l'apparence d'une véritable pieuvre verte. Au Québec, il ne subsiste plus guère qu'une demi douzaine de sujets centenaires d'orme de Camperdown. Quel trésor !

C.M.

C.M.

Implanté dès 1870 à Québec, l'orme de Camperdown n'hésite pas à adopter les formes les plus acrobatiques pour le grand bonheur de l'observateur, mais ses branches tordues présentent aussi de très jolies samares.

Orme de montagne

Ulmus glabra Huds.
Scotch Elm

Si, au Québec, nous vénérons l'orme d'Amérique que nous appelons orme blanc, à cause de la blancheur de son bois, les Européens ont aussi leur orme blanc : l'orme de montagne ! Essence rustique, de pleine lumière, il est disséminé et forme des forêts peu denses en basses montagnes, jusqu'à 1600 m d'altitude, au nord et au centre de l'Europe et à l'ouest de l'Asie. Peu frileux, on le retrouve jusqu'en Écosse, en Finlande, au sud de la Scandinavie et en Russie. On le cultive depuis l'Antiquité, non pas à des fins sylvicoles, car son bois est rempli de défauts, mais comme ornement de parcs ou de cimetières. C'est pourquoi on en a développé de nombreux cultivars et qu'on s'est servi de son tronc, en guise de porte-greffe, pour certaines formes horticoles d'ormes aux silhouettes insolites.

D'allure biscornue, le curieux orme de montagne, bien campé sur son tronc massif et sinueux, développe souvent deux ou trois fourches dès sa base. Ses lourdes branches basses tordues reposent parfois au sol et se redressent subitement : elles semblent fléchir sous leur

C.M.

Les fruits et les samares de l'orme de montagne conjuguent leurs efforts pour créer de jolis bouquets vert tendre.

Orme

Typiquement, les feuilles de l'orme de montagne ont des nervures rectilignes aboutissant chacune à une grosse dent !

propre poids. Son écorce est souvent recouverte d'excroissances ou de tubérosités appelées broussins. L'ensemble de ses branches et de ses rameaux feuillés forme typiquement un éventail incliné bien souvent d'un seul côté, probablement à cause des vents dominants. Sur ses rameaux brun rougeâtre velus, les feuilles ont la surface rude comme du papier de verre, atteignent leur largeur maximale dans la partie du tiers supérieur dite « en épaule » et sont coiffées de 3 à 5 pointes inégales. Enfin, ses fruits échancrés au sommet combinés aux plus grandes samares chez le genre *Ulmus* composent de denses bouquets vert tendre, qui hébergent de nombreux insectes, source de nourriture pour les parulines.

Bref, l'orme de montagne n'a certes pas la grâce ni la hauteur de notre orme d'Amérique, mais son côté pittoresque attendrit. Apparu à Québec à la faveur de la présence de la garnison britannique ou sous les bons auspices de l'abbé Ovide Brunet, il y est aussi très rare et représente un précieux élément de notre biodiversité historique.

C.M.

Les ostryers

L'ostryer fait partie de la même famille que le bouleau, le charme et le noisetier. On connaît à peine une dizaine d'espèces d'ostryers de par le monde. Trois d'entre elles sont indigènes à l'Amérique du Nord, mais on ne rencontre que l'ostryer de Virginie au Canada et au Québec.

Comme l'ostryer de Virginie est une essence d'ombre, on le rencontre surtout dans le sous-étage de nos forêts. Fort discret, il vit sous le couvert de grands arbres, tels le hêtre à grandes feuilles ou le tilleul d'Amérique. Au Québec, il forme le plus souvent une association avec l'érable à sucre pour créer des érablières à ostryer où il pénètre, grâce à son pivot, les sols minces et secs des « schistes de Sillery ». Sur ce type de formation rocheuse sont assis plusieurs grands domaines de l'escarpement sud de la colline de Québec, notamment le cimetière Mount Hermon, où encore de nos jours, on peut observer l'ostryer de Virginie. Cet étrange petit arbre possède un tronc droit, distinct jusqu'à son faîte, souvent couvert de loupes ou d'excroissances. Il se distingue nettement de tous les autres arbres de sa famille botanique par son écorce dite parcheminée ; en effet, son écorce se déchiquette en de minces et étroites languettes qui se détachent de son tronc et frisent !

Genre *Ostrya*
Le nom du genre, *Ostrya*, vient du grec οστρυα qui était le nom commun d'un arbre au bois très dur.

Ostryer de Virginie

Ostrya virginiana (P. Mill.) K. Koch.
American Hophornbeam

C.M.

Les fleurs mâles de l'ostryer passent l'hiver à chatons fermés. Ici, au moment du débourrement foliaire, ils ont encore la forme de bâtonnets.

Malgré son allure peu costaude, l'ostryer a une espérance de vie de 150 ans ; on le surnomme même de façon évocatrice « bois de fer ». Il est fait d'un bois extrêmement dur, en fait, le plus dur d'entre tous les bois de nos essences indigènes, davantage même que le chêne. Traditionnellement, on l'utilisait dans la fabrication des manches de haches, des leviers devant supporter des poids énormes et des pièces de charrue. S'il est un arbre qui a « trimé » dur avec les premiers colons à défricher et à labourer la terre de la colonie de Québec, c'est bien l'ostryer de Virginie !

C.M.

Les fins rameaux et les délicates feuilles de l'ostryer sur fond d'écorce brun grisâtre en font un arbre apprécié.

C.M.

Cet ostryer du parc de l'Escarpement à Québec a dû naître dans des conditions bien particulières pour s'être développé sans la droiture caractéristique de l'espèce. Sa résilience et son pittoresque compensent ses écarts de conduite !

C.M.

L'ostryer est un petit arbre dont le tronc est droit et distinct jusqu'à son faîte et qui pousse bien sous le couvert d'autres arbres. Ici, un spécimen du cimetière Mount Hermon.

C.M.

Salicacées

Les peupliers

Les arbustes et les arbres appartenant aux genres botaniques des saules (*Salix*) et des peupliers (*Populus*) sont des végétaux qui vivent partout dans le monde, sauf dans l'ensemble géographique formé par l'Australie et la Nouvelle-Zélande ; on les trouve de façon plus marquée dans les régions tempérées de l'hémisphère Nord. Les saules et les peupliers sont les arbres des lendemains de veille, car ils contiennent de l'acide salicylique, l'ingrédient principal de l'aspirine. Présents sur Terre depuis 100 millions d'années, les peupliers sont l'une des cinq essences autour desquelles on célèbre le deuil, notamment en Chine. L'espérance de vie de ces arbres est plutôt courte : leur croissance très rapide s'interrompt souvent dans la jeune centaine, brusquement, à cause du chancre bactérien qui les gruge de l'intérieur.

Essences de lumière et pionnières, les peupliers compensent leur caractère éphémère par leur formidable façon de reprendre possession de la terre en s'agrippant de leurs racines longuement traçantes et en se multipliant par rejets de souche partout en terres défrichées. Au fil des millénaires, les peupliers se sont naturellement diversifié en plusieurs races, écotypes, clones et hybrides. Choisissant parmi cette grande richesse de silhouettes

Genre *Populus*

Le genre des peupliers, *Populus*, porte l'ancien nom latin du peuplier. En effet, les Romains l'appelaient *arbor populi*, ce qui signifie l'arbre du peuple, car il avait la faveur populaire dans les villes romaines.

C.M.

Chez certaines espèces de peupliers, les graines plumeuses doivent être mouillées pour parvenir à s'arrimer au sol et à germer ; les milieux humides constituent alors le seul habitat où ces peupliers réussissent à se reproduire.

C.M.

Voici un tronc caractéristique de peuplier grisard. Cet hybride du peuplier blanc est l'une des nombreuses « créations » artificielles réalisées à partir d'espèces de la grande famille des peupliers.

et de types de frondaison, les « brasseurs de gènes » ont sélectionné, reproduit et greffé les meilleurs sujets, surtout à des fins ornementales, puis leur ont créé des hybrides propres en profitant de l'invariable caractère dioïque propre à tous les peupliers. Ces hybrides, entièrement mâles ou femelles, ne produisent sur chaque arbre que des fleurs d'un sexe ou de l'autre, une caractéristique fort utile pour les travaux d'hybridation.

Les peupliers qu'on rencontre dans la région de la capitale appartiennent à trois grands groupes déterminés selon leurs traits botaniques et aussi par leur façon de se multiplier végétativement. Il y a d'abord la tribu des *Tacamahaca* à laquelle appartient le peuplier baumier (*Populus balsamifera*) dont les gros bourgeons résineux et aromatiques sont bien connus. Puis, il y a la tribu des *Aigeiros*, représentée par le peuplier deltoïde (*Populus deltoides*), le peuplier noir d'Italie, communément appelé « peuplier de Lombardie », le peuplier de Berlin (*Populus x berolensis*) et le peuplier tremble (*Populus tremula* L.). Enfin, la tribu des *Leuce* regroupe le peuplier blanc (*Populus alba*) et l'hybride qui en dérive, le peuplier grisard (*Populus x canescens*).

Peuplier baumier

Populus balsamifera L.
Balsam Poplar

C.M.

Les chatons du peuplier baumier auxquels sont accrochés ces chapelets de fleurs rouges sont des individus mâles !

Le peuplier baumier pousse d'un océan à l'autre sur le continent nord-américain. Très peu frileux, il pousse en Alaska, au Labrador et presque partout au Québec, sauf à l'extrême nord. Aux latitudes plus méridionales, sa distribution rejoint les états américains du Michigan, du Nevada et de l'Orégon. Le peuplier baumier, le principal feuillu de la forêt boréale, y forme parfois des peuplements purs d'une beauté renversante. Il s'associe aussi aux aulnes, aux saules de faible hauteur de même qu'à l'épinette noire sur des terrains humides, aux sols graveleux ou lourds, parfois plutôt inhospitaliers mais toujours très ensoleillés. La croissance de ce grand peuplier au tronc droit, quasi cylindrique, se ramifiant en de courtes branches ascendantes, de façon prévisible, est rapide, son espérance de vie plutôt courte.

Lorsque le peuplier est jeune, son écorce brun verdâtre pâle est lisse ou verruqueuse ; elle devient bientôt grisâtre, sillonnée par d'irrégulières crevasses entrecoupées de crêtes rugueuses. Vus transversalement, ses jolis rameaux sont ronds ou légèrement angulaires. Ils sont également couverts d'une écorce d'un brun rougeâ-

C.M.

Le peuplier baumier a été introduit en Angleterre dès 1689. C'est le révérend John Banister (1654-1692) qui l'avait rapporté de la Virginie, où il avait été spécialement délégué pour rechercher des essences d'intérêt par Henry Compton (1632-1713), l'évêque de Londres, un amoureux fou des arbres. Au Québec, cette espèce n'a jamais fait fureur en horticulture ornementale, ni nulle part ailleurs, semblerait-il. L'actuel champion provincial se trouve sur le territoire de la capitale nationale du Québec, sur la route Saint-Denys-Garneau à Sainte-Catherine-de-la-Jacques-Cartier.

tre brillant qui devient orangée avec les années. Outre cette belle coloration, ce qui attire le plus l'attention, c'est sans doute la présence sur les rameaux de longs bourgeons de couleur brun-orangé englués d'une résine au parfum prononcé de baume! Les abeilles les flairent à des kilomètres à la ronde! Les butineuses recherchent et récoltent avidement cette résine, la propolis : elle appartient à ces précieuses substances plutôt visqueuses, gommeuses et balsamiques que les abeilles récoltent, entre autres, sur l'écorce des conifères et sur les bourgeons des bouleaux, des saules et même du marronnier d'Inde. Elles s'en servent pour effectuer divers travaux à l'intérieur de leur ruche, tels le colmatage de fissures, la fixation des gâteaux de miel et le vernissage aseptique des cellules où pondra leur reine.

En 1994, Enracinart faisait la découverte, sur l'ancien domaine de Kilgraston, à Sainte-Foy, de deux magnifiques spécimens qui allaient devenir les champions québécois. Ils ont été abattus, peu de temps après.

C.M.

C'est une résine au parfum prononcé de baume, la propolis, dont sont enduits les bourgeons qui a donné son nom à ce peuplier ; c'est aussi pourquoi les feuilles tendres du peuplier baumier sont très lustrées au moment de la feuillaison.

Peuplier blanc

Populus alba L.
White Poplar

C.M.

C'est le feutre blanc neige sur le revers de ses feuilles aux reflets changeants qui a valu son nom au peuplier blanc. Celles-ci, d'une consistance particulière, semblent avoir été découpées dans un morceau de cuir, et leur surface plutôt luisante est de couleur vert forêt. Constamment en déséquilibre, ces feuilles, attachées par un pétiole en partie latéralement aplati, n'arrêtent pas de « gigoter ». On peut constater ces caractéristiques sur l'individu du boulevard Chauveau à Québec.

Le peuplier blanc est une essence introduite originaire d'Europe centrale et méridionale, du nord de l'Afrique ainsi que des portions occidentale et centrale de l'Asie. De cette espèce s'inspire le nom de la tribu des Leuce, qu'elle compose en compagnie des trembles européen et nord-américain. En effet, selon la mythologie grecque, Leucé était une nymphe dont le dieu Hadès, maître des Enfers, était amoureux. Elle voulut se soustraire au dieu, mais celui-ci, afin de la conserver perpétuellement à ses côtés, la plaça à l'entrée du Royaume des morts après l'avoir transformée en peuplier blanc.

À l'image de ses congénères, le peuplier blanc ne vit guère plus d'un siècle quoique certains individus, en d'optimales conditions, sont quelquefois parvenus à atteindre les 400 ans ! En ville, il tolère l'ombre partielle, la fumée, les embruns salés et le sel de déglaçage. Capable d'affronter les pires catastrophes naturelles, telles les inondations et la sécheresse, le peuplier blanc était autrefois assez souvent planté au Québec, afin de maintenir les sables en place, en bordure des cours d'eau. Les très longues racines fasciculées des plants-mères s'étendaient parfois sur plus de 20 m, drageonnaient tous azimuts autour de leurs troncs qui, rapidement, s'entouraient d'une incalculable progéniture de petits peupliers enveloppés d'une blanche flanelle ! Une forêt venait de naître !

Depuis, le peuplier blanc a été plutôt remplacé par le peuplier grisard, un hybride dont il est le parent. Comme le « grisard », son fils spirituel, il est plutôt vigoureux et mesure souvent, dès l'âge de 50 ans, plus de 30 m de hauteur tandis que son fût, très droit, atteint facilement 1 m de diamètre. L'écorce crevassée de son tronc quasiment noire, à sa base, devient lisse d'un blanc argenté ou verdâtre, à mesure que l'on s'approche du sommet de ses branches massives. Cette pâle peau est aussi mystérieusement pyrogravée d'alignements de petits losanges ou de diamants d'abord rougeâtres, puis noirs, constitués de lenticelles. Ses rameaux velus de poils blancs, dans leur jeune âge, portent des bourgeons secs, non résineux, couverts en partie de poils blanchâtres et laineux. Cette étoffe du pays, appelée tomentum, recouvre également le revers de leurs feuilles. Au gré des vents, à l'unisson, elles affichent en alternance les tons contrastés de leurs deux faces !

Le peuplier de Berlin est issu d'un croisement entre *Populus laurifolia*, le parent femelle, et *P. nigra 'italica'*, le parent mâle. Cet hybride a été créé au jardin botanique de Berlin où on l'a baptisé vers 1865. Depuis, on l'a souvent planté en Allemagne à titre d'arbre d'avenue, en alignement. On l'a introduit en Amérique du Nord, vers 1890, et on l'a cultivé dans la région des prairies américaines, mais il semble aujourd'hui que le peuplier de Berlin soit devenue une créature rare, digne des collections.

Le peuplier de Berlin est un clone femelle dont la silhouette assez élancée, ou colonnaire, révèle cependant l'influence génétique de son parent mâle, ce bon vieux peuplier de Lombardie. Notre demoiselle est cependant moins svelte que son père : ses branches primaires ascendantes, densément feuillées, forment des angles plus ouverts avec leur tronc. Son fût élégant est habillé à la fois d'une écorce plutôt verte, gravée de sillons étroits et de fissures jaunes, et de pousses gourmandes orientées à la verticale comme les branches. Ses robustes rameaux jaunâtres et angulaires sont étalés et supportent des bourgeons collants vert clair.

C.M.

Peuplier de Berlin

Populus x berolinensis (K. Koch) Dippel
Berlin Poplar

C.M.

Les feuilles du peuplier de Berlin, vert foncé sur le dessus et presque blanches dessous, sont attachées à des pétioles pileux. Elles sont souvent découpées en coin à la base et évoquent vaguement la forme d'un losange. Leur marge bordée de dents obtuses révèle à contre-jour son fin liseré translucide!

Peuplier

Ce magnifique spécimen de peuplier de Berlin est situé à Québec, aux environs du Cégep François-Xavier Garneau.

Il y a 15 ans, on recensait à Charlesbourg un spécimen de cet arbre excessivement rare, non seulement à Québec mais dans la province toute entière. Sa présence est attribuable à la communauté des Clercs de Saint-Viateur, des religieux voués à l'enseignement, qui ont une bonne connaissance de l'horticulture et parcourent la province afin d'opérer leurs écoles. Entre 1936 et 1967, les Clercs ont cultivé les peupliers de Berlin qui sont devenus champions québécois, à La Ferme, en Abitibi. Le spécimen qu'ils avaient rapporté à Charlesbourg a malheureusement a été abattu en 2007. Un beau peuplier de Berlin se dresse encore dans l'arrondissement La Cité, au Centre de gestion de l'équipement roulant du ministère des Transports, avenue Louis-Jetté.

Peuplier deltoïde

Populus deltoides Marsh. ou Bartr. Ex Marsh.
Eastern Cottonwood

S.H.

Il n'est pas rare de voir les peupliers deltoïdes se départir de leurs très longs chatons mâles de couleur rouge brun lors des grands vents printaniers.

Au Québec, le *Populus deltoides* se comporte véritablement comme un arbre du peuple : en milieu rural, il n'est pas rare de voir prendre racine des sujets issus de branches qu'on a simplement enfoncées dans le sol sans trop d'espoir... Ces maigres branches sont vites devenues des troncs d'arbres majestueux, voire des mastodontes, atteignant parfois jusqu'à 2,25 m de diamètre à la souche ! Paradoxalement, ces géants tremblent ! Décidément, les feuilles de ce peuplier fascinent. Elles sont la raison du nom spécifique de l'espèce : les particules delta, la lettre grecque représentée par un triangle, et oides, qui signifie ressemblance, traduisent parfaitement leur forme de triangle équilatéral. D'un vert vif sur le dessus, elles luisent au soleil tandis qu'elles sont plus pâles en dessous. À leur base, plutôt rectiligne, se trouvent les 3, 4 ou 5 glandes verruqueuses à l'origine de leur arôme balsamique ou de tannin. Selon leur provenance, boréale ou méridionale, les dimensions des feuilles varient des plus menues aux plus grandes.

Étrangement, le peuplier deltoïde si confortable et parfois volumineux à Québec, n'en est pas originaire. On l'a planté ici, comme en bien d'autres grandes villes, pour sa grande adaptabilité aux conditions difficiles, sa formidable vitesse de croissance, donc sa capacité à paysager le décor urbain le temps de le dire ! Au Québec, où se trouve une infime partie de sa vaste distribution naturelle nord-américaine, le peuplier deltoïde pousse à l'ouest et au sud de la province sur les rives limoneuses et humides des cours d'eau jusque dans la région du lac Saint-Pierre.

C.M.

Les peupliers deltoïdes des ligues majeures comme celui ci-contre semblent fragiles, car à la moindre brise, leur feuillage s'agite en tous sens. Comme chez le tremble, ce bien nommé, les feuilles du peuplier deltoïde s'attachent aux rameaux par des pétioles comprimés perpendiculairement au plan du limbe, d'où leur totale instabilité. ◂

C.M.

Ici, les costeaux rameaux du peuplier deltoïde sont coiffés de bourgeons gommeux qui supportent des chatons mâles au stade embryonnaire.

Ainsi, originaire de la fraîche campagne, il n'est pas rare d'observer des peupliers deltoïdes implantés en ville, perdrent très tôt leurs feuilles, une à une, à la fin d'un été « torride » au point où ces grands gaillards se retrouveront bientôt flambants nus ! C'est le moment idéal pour apprécier leur immense silhouette.

Peuplier grisard

Populus x canescens (Ait) Sm.
Grey Poplar

Originaire d'Europe et d'Asie occidentale, le peuplier grisard est un hybride spontané. Sans intervention humaine, deux espèces indigènes se croisent, le peuplier blanc (*Populus alba*) et le tremble européen (*Populus tremula*), et leur progéniture colonise les rives des cours d'eau. On l'a d'abord cultivé en France avant de l'introduire en culture en Amérique du Nord vers 1800. Il s'est tout à fait adapté à son continent d'adoption où il est passablement vendu en pépinière.

Étrangement, le peuplier grisard se retrouve le plus souvent sous un nom différent du sien dans les catalogues. Pourtant, le nom grisard lui sied à merveille : les jeunes feuilles présentent au revers une dense couche feutrée de poils grisâtres, à la manière du lainage de poils blancs

S.H.

Les inflorescences du peuplier grisard méritent notre attention. Une fois fécondés par les chatons rouges des arbres mâles, les précieux chatons jaunes des femelles se reconnaissent à leurs capsules fructifères suspendus à leurs rameaux telles des boucles d'oreilles ornées de longues pendeloques!

recouvrant le revers des feuilles du peuplier blanc, l'un de ses parents. De ce dernier, il a aussi hérité de divers traits dont la magnifique écorce gravée de losanges.

Malgré ses rondeurs, le grisard révèle tout de même d'étonnantes subtilités. Il est notamment caractérisé par un polymorphisme foliaire, sans doute lié à son origine hybride : les feuilles des longs rameaux ont une base en forme de cœur et sont bordées de dents triangulaires irrégulières, glanduleuses et ciliées; les feuilles des rameaux nains ne sont pas ciliées en marge, mais plutôt bordées d'un fin liseré translucide, trait hérité de son second parent, le tremble! Les feuilles du grisard ne font pas que chuchoter au vent, elles se parent l'automne venu d'une coloration dorée, la plus riche de tous les peupliers.

Enfin, comme chez tous les peupliers, la floraison du grisard survient de façon très précoce au printemps, bien avant sa feuillaison, lors de l'épanouissement des chatons des fleurs issus de bourgeons formés l'année précédente. Parmi une population visiblement en désé-

C.M.

Doté d'une impressionnante vigueur hybride, nos deux peupliers grisards déploient une large cime formée de plusieurs dômes élevés et soutenue par des troncs soudés de fort calibre. On dirait des bouquets géants. Les deux grisards ci-contre agrémentent le paysage de l'Ancienne-Lorette. ▸

quilibre, on repère aisément les nombreux arbres mâles dont les chatons carminés voient leur pollen charrié par le vent en direction des chatons jaunes des rares arbres femelles.

Tremble européen

Populus tremula L.
European Aspen

Le tremble européen est une espèce fort rare au Québec et son grand atout est d'ajouter à la biodiversité de nos écosystèmes. Tout comme le tremble d'ici (*Populus tremuloides*) dont il est le sosie, cet arbre porte fort bien son nom, car ses milliers de petites feuilles arrondies sont accrochées par de longs pétioles plats et souples sur des branches grêles peu nombreuses, ce qui les expose à la plus légère brise et les fait trembloter. Malgré son nom, il fait tout à fait partie du genre *Populus*! D'ailleurs, en France, où il est très répandu, on l'appelle aussi peuplier tremble.

C.M.

Le feuillage du tremble européen se donne littéralement en spectacle à l'automne : ses feuilles, larges et triangulaires ou petites et fortement crénelées selon l'endroit où elles se trouvent dans l'arbre, passent du jaune clair et du jaune orangé au rouge et au pourpre, avant de tomber. On peut en observer quelques individus dans le cimetière Mount Hermon.

Il se cultive bien au Québec, y compris dans la région de la capitale, car il ne craint ni le froid ni l'exposition en pleine lumière ni les sols pauvres et humides. Ces caractéristiques font de lui une bonne espèce pionnière partout en Europe : il a tendance à coloniser les espaces déboisés par le feu ou l'homme, ou délaissés par les autres espèces. On le trouve donc surtout dans les clairières, les champs en friche, les coupes, les brûlés ou à la lisière des bois. Bien que ce soit une espèce à croissance rapide qui ne dépasse guère les 80 ans, des spécimens de près de 150 ans ont déjà été répertoriés.

Outre le chant permanent de ses feuilles, le peuplier tremble a de quoi plaire. Il est notamment reconnu pour ses longs chatons cylindriques, verdâtres chez les femelles et rouge clair chez les mâles, qui se déploient dès le mois de mars, avant la feuillaison; ces pendentifs accouchent de fruits coiffés d'un duvet de poils blancs et remplis de milliers de jolies petites graines noirâtres. Ces touches de vert, de rouge et de blanc se découpent sur un tronc lisse et dénudé dont l'écorce passe du gris jaune ou gris vert pour prendre des teintes argentées plus sombres et plus crevassées avec les ans. À 20 ou 30 m du sol, son port arrondi et étalé campé sur son tronc cylindrique lui donne souvent belle allure.

C.M.

Pinacées

Les pins

Genre *Pinus*
L'ancien nom latin *Pinus* était attribué à un arbre produisant de la résine. Il était lui-même dérivé du grec πινοσ, un mot utilisé par Théophraste pour désigner une sorte de pin.

Tous les pins de la planète, environ 95 espèces, sont reconnus pour la nature résinifère de leur bois, de leur écorce et de leurs aiguilles. Ils ont grand besoin de soleil pour se développer et redoutent par conséquent la concurrence des autres essences. Sociables, ils colonisent les grands espaces où ils se regroupent souvent en peuplements purs qui s'étalent à perte de vue. Ils supportent généralement la sécheresse ou la pauvreté du sol, mais certains d'entre eux exigent parfois des sols aux propriétés chimiques particulières.

Les pins se distinguent également par leurs rameaux nains typiques, appelés brachyblastes. Ces structures peu apparentes mesurent à peine 1 mm de longueur, mais supportent une multitude de faisceaux d'aiguilles regroupées par deux, trois ou cinq. Étrangement, ces aiguilles parfumées d'huiles essentielles se complètent mutuellement à l'intérieur d'un même faisceau pour former un parfait cylindre lorsqu'elles sont collées les unes aux autres. Ainsi, chez le pin rouge, chaque aiguille d'un groupe de deux présente une section en hémicycle et devient le miroir de sa voisine. Chez les espèces où les faisceaux ont trois ou cinq aiguilles, chaque aiguille présente une section équivalant au tiers ou au cinquième

C.M.

Les pins illustrent mieux que tout autre genre la façon de croître caractéristique des conifères. Chaque année, leur pousse terminale s'allonge pendant que se forme un nouvel étage de branches latérales toutes disposées autour de leur fût, à peu près au même niveau, et formant ce que l'on appelle un pseudo verticille. Ce pin blanc « trident » de Tewkesbury le démontre bien. Aussi dit-on pouvoir estimer l'âge des pins en comptant simplement le nombre d'étages de branches qui échafaudent leur cime. En réalité, ce n'est pas toujours vrai, car certaines essences exotiques de pin produisent deux ou trois étages par année.

d'un cercle. Chez tous les pins, les faisceaux d'aiguilles, du moins dans leur jeune âge, sont engainés à leur base par une membrane d'écailles papyracées considérées, elles aussi, comme des feuilles. Les membranes des milliers de faisceaux d'aiguilles chuteront, tôt ou tard, au cours de la vie d'un grand pin, mais le moment de leur chute variera selon son appartenance à la tribu des pins tendres ou à celle des pins durs, les deux catégories traditionnellement reconnues auxquelles adhèrent toutes les espèces de pin de la Terre. Ce classement toutefois ne fait pas référence, malgré les apparences, à la dureté de leur bois.

Notre pin blanc indigène et le pin cembro font partie de la tribu des pins tendres. La chute de la membrane engainante de leurs faisceaux d'aiguilles vert glauque survient à leur première année de vie. Le pin gris et le pin rouge, indigènes de la capitale, et les essences introduites que sont le pin noir d'Autriche, le pin sylvestre et le pin mugo sont des pins durs ; ces trois dernières

C.M.

Ci-dessus, on observe chez le pin blanc les nombreux conelets mâles agglutinés, entourés de faisceaux d'aiguilles.

S.H.

Comme tous les pins tendres, le pin blanc contient une plus faible quantité de résine que les espèces de pins durs. Cette qualité, alliée à la force des fibres de son bois, a fait les délices des bûcherons de la Nouvelle-France, qui ne connaissaient alors que les pins durs gorgés de résine. On connaît la suite : les générations successives ont abattu tant de pins blancs qu'elles sont presque parvenues à le rayer complètement de la carte.

sont parmi les rares conifères à avoir survécu aux vagues successives de glaciations sur le continent européen. Les pins durs soignent les blessures qui leur sont infligées grâce à leur profuse résine ; c'est cette même résine qui nous sert à la fabrication de médicaments et de térébenthine. Leurs aiguilles viennent par deux ou trois en fascicules engainés à la base d'une membrane qui perdure deux ou trois ans, jusqu'au moment de sa chute.

Qu'ils soient durs, tendres ou pleureurs, tous les pins se ressemblent par leur caractère monoïque : leurs strobiles mâles et femelles diffèrent par leur apparence et leur positionnement sur un même arbre. Cette stratégie favorise la fécondation des arbres entre eux et la conservation d'une belle diversité génétique dans les populations de même espèce. Après leur fécondation, les cônes femelles prennent rapidement du volume pendant que se lignifient leurs nombreuses écailles disposées autour d'un axe central. Chacune d'elles renfle à l'extrémité : cette apophyse est surmontée d'une protubérance de forme pyramidale appelée écusson. L'apophyse reste plutôt mince chez les pins tendres ; chez les pins durs, elle devient souvent épaisse et porte un écusson armé. Têtus, les cônes des pins se referment sur eux-mêmes jusqu'à ce que leurs graines soient mûres et demeurent ainsi, clos, parfois des années durant.

Pin aristé

Pinus aristata Engelm.
Bristlecone Pine

C.M.

Incurvées, les aiguilles du pin aristé sont souvent gommées de résine et colorées d'un vert foncé teinté d'un blanc bleuâtre.

Le pin aristé, un petit arbre en apparence tordu ou fragile, appartient au groupe des pins tendres ; paradoxalement, il fait partie des créatures qui peuvent atteindre un âge si avancé que cela semble inconcevable, soit 5 000 ans. C'est pourquoi le pin aristé a souvent fait l'objet de travaux de nature dendrochronologique. En effet, en analysant les anneaux de croissance de troncs d'arbres du pin aristé morts à diverses époques, il est possible de reconstituer sur une très longue période des phénomènes de nature géomorphologique et climatologique, comme la sécheresse.

Le pin aristé n'est pas indigène au Canada, mais originaire des montagnes du Colorado et des états américains situés à proximité. Il croît le plus souvent dans des conditions extrêmes d'aridité et de pauvreté du sol dans des stations ensoleillées. Ses feuilles aciculaires forment des fascicules de cinq aiguilles résolument plus courtes que celles du pin blanc. À l'extrémité de leurs rameaux, les touffes d'aiguilles peuvent persister plus de 15 ans et leur conférer une apparence de brosse. C'est pourquoi on donne souvent le nom de pin « queue de renard » à notre pin mathusalem.

Le pin aristé est pittoresque et de plus en plus sélectionné pour la création d'aménagements paysagers de nature désertique. Un spécimen peut être observé à l'arboretum Maizerets à Québec, où il fructifie déjà malgré son jeune âge ! On le repère à ses rares cônes, dont les écailles sont munies d'un long mucron grêle semblable à une épine recourbée.

Pin blanc

Pinus strobus L.
Eastern White Pine

Le pin blanc est l'arbre de vie autour duquel se rallient toutes les Premières Nations. Depuis toujours, ses racines et ses aiguilles servent de remède aux autochtones. Ils appliquent sa résine antiseptique sur leurs plaies en guise d'onguent ou la font bouillir afin de concocter un tonique. Ils boivent des infusions de ses aiguilles riches en vitamine C pour prévenir le scorbut. Le pin blanc avec sa tête dans les nuages sert de repère aux Algonquins en forêt. En 1570, il devient l'arbre emblématique de la Ligue des Cinq-Nations iroquoises. Il représente aussi l'arbre de la paix, celui-là même qu'évoque le chef huron Kondiaronk lorsqu'en 1701, au nom de 39 nations autochtones, il signe la Grande Paix de Montréal avec son vis-à-vis, le Sieur de Callière, représentant de la France.

S.H.

Chez les pins blancs, les cônes femelles fécondés sont tendres au toucher et à l'œil.

Deux sites sur le territoire de la capitale célèbrent la force de ces liens avec l'arbre : des pins blancs parmi nos plus magnifiques y font justement référence aux peuples des Premières Nations. Il y a la Colline de la rue des Agniers, dont le nom est celui que les colons français donnaient aux Mohawks, une tribu de langue iroquoise ; la ville de Québec envisage d'y créer un parc de conservation autour d'un pin blanc centenaire. Il y a le boisé de Tequenonday, dont le nom est d'origine amérindienne, qui est un milieu exceptionnel aux plans patrimonial, écologique et esthétique ; ce promontoire naturel, niché au creux de l'escarpement à une altitude d'à peine 20 m, offre une vue imprenable sur le fleuve Saint-Laurent et a probablement servi de lieu de rassemblement et de belvédère aux autochtones depuis la Préhistoire. Des milliers d'artéfacts récoltés sur les lieux lors de fouilles archéologiques ont permis de retracer l'existence de trois campements amérindiens remontant à 500, 2500 et 5000 ans.

Les 110 pins blancs du boisé de Tequenonday proviennent de la pinède qui s'est implantée sur l'aride crête rocheuse de l'escarpement entre 1820 et 1830. Ces survivants sont âgés en moyenne de 138 ans ; la moitié d'entre eux ont la centenaire avancée et partagent les lieux avec des spécimens séculaires de diverses espèces, notamment deux pruches du Canada, cinq frênes blancs, six érables à sucre et dix chênes rouges. Cette association, avec le chêne rouge tout particulièrement, indique qu'il s'agit du rarissime vestige des vastes peuplements forestiers installés dans les deux derniers siècles sur les versants du contrefort occupé aujourd'hui par l'arrondissement Sillery-Sainte-Foy. Un pareil groupement d'arbres centenaires provenant d'un écosystème d'origine aujourd'hui disparu fait du riche arrondissement historique de Sillery un site patrimonial d'une gande

S.H.

Après leur fécondation, les cônes femelles du pin blanc prennent rapidement du volume pendant que se lignifient leurs nombreuses écailles. À terme, ils dégoulinent d'une résine qui prend l'apparence de sucre à glacer.

C.M.

Le tronc de ce pin blanc, qui vit dans la prucheraie du lac Saint-Augustin, atteint un très grand diamètre.

S.H.

Le pin blanc présente un tronc libre de branches sur un grande proportion de sa hauteur, ce qui lui donne un bois sans nœud qui le met en danger ! ▸

valeur pour la ville. En effet, toutes proportions gardées, Québec est la seule ville québécoise à compter dans sa forêt urbaine une aussi riche collection de pins blancs et de chênes rouges.

Le pin cembro, aussi appelé l'arolle, est un de ces courageux conifères qui a survécu aux glaciations du Quaternaire. On le trouve en régions montagneuses, dans les Alpes et les Carpates, en Europe centrale jusqu'en Sibérie et en Asie. Comme le mélèze d'Europe, il a fui la concurrence des autres arbres en se spécialisant dans la colonisation du biotope montagneux. Ces champions des sommets sont tous deux d'une extrême frugalité, mais d'une grande robustesse ; ils poussent parfois à une altitude de près de 3000 m où ils constituent la dernière frange d'arbres, à la limite du supportable.

Le port du pin cembro varie beaucoup avec l'altitude ; exposés à la vie dure, ses sujets bancroches et tourmentés se dispersent et s'isolent pour former de bien

Pin cembro

Pinus cembra L.
Swiss Stone Pine

C.M.

Chez le pin cembro, les cônes en forme de toupie sont bruns violacés puis bleus, et ils s'accrochent pendant des années avant de tomber tout d'une pièce. Ce sont eux qui, en s'ouvrant, nous donnent les pignons, les fameuses noix de pin de nos plats gastronomiques.

C.M.

Le pin cembro, d'apparence rabougrie en montagne, développe une silhouette élancée quand il pousse dans des conditions idéales. À voir la silhouette harmonieuse de ce conifère situé à Lévis, bien malin qui pourrait dire qu'il s'agit d'un pin cembro. D'autres spécimens s'érigent fièrement au Parc des Moulins, sur la Rive-Sud de la capitale et à l'arboretum du domaine Maizerets, où des jeunôts de 20 ans tout au plus fructifient déjà, contre toute attente ! ◂

maigres forêts. En basses altitudes, le pin cembro arbore une toute autre silhouette : avec son tronc deux ou trois fois fourchu et coiffé d'une cime mousse, il tient du candélabre ou du pommier. Comme le pin blanc, ce rustaud possède des aiguilles d'un vert bleuté rassemblées par plumeaux de cinq, sauf qu'elles sont torsadées et s'agglomèrent à l'extrémité de rameaux ; ces derniers sont couverts d'une pubescence rouille duveteuse dans leur jeune âge. Doté d'une très lente croissance, le pin cembro atteint en contrepartie l'âge exceptionnel de 600 ans : un millénaire ! Peu enclin à se reproduire, il reste longtemps adolescent et ne porte ses premiers cônes fructifères que vers l'âge de 50 ou 60 ans. Ces cônes en forme de toupie, d'abord bruns violacés puis bleus, sont imprégnés de résine de sorte qu'ils ne s'ouvrent jamais au cours des trois années où ils demeurent accrochés aux jupes de leur pin mère ! Lorsqu'ils finissent par tomber tout d'une pièce au sol, ils se désagrègent en laissant voir leurs grosses graines anguleuses : ce sont les pignons, ou pignes, prisés en gastronomie.

Pin gris

Pinus banksiana Lamb.
Jack Pine

C.M.

Les inflorescences mâles du pin gris ressemblent à de petits chatons roux alors que les cônes femelles, généralement en retrait, sont longs, souples et verdâtres. Les aiguilles tordues caractéristiques du pin gris sont bien visibles ici.

Le pin gris, un arbre typique de la forêt boréale canadienne, pousse de l'Atlantique jusqu'aux montagnes Rocheuses ; il occupe une vaste aire de distribution en terre québécoise où il s'étend jusqu'à la limite nordique des arbres. Ce pin dur doit son nom latin au botaniste et naturaliste londonien Joseph Banks, indépendant de fortune à 20 ans, qui voyageait au large des côtes de Terre-Neuve et du Labrador lorsqu'il l'a découvert. À Québec, le pin gris s'est longtemps accroché à l'escarpement, parmi les airelles vigne-d'Ida, entre autres, à la hauteur du domaine de Woodfield, appartenant à William Sheppard. C'est là que Sheppard l'a observé pour la première fois, vers 1830, pour ensuite le décrire aux membres de la Litterary and Historical Society of Quebec. À l'état naturel, cette espèce s'est naturellement éteinte en 1880, lorsqu'on a aménagé le cimetière Saint-Patrick à l'emplacement de Woodfield. On le cultive toutefois, de nos jours, aux environs de l'église Saint-Michael de Sillery et dans le cimetière Mount Hermon.

Les pins gris poussent en solitaire ou en colonie sur les dunes de sable des bleuetières où l'on récolte les bleuets géants du lac Saint-Jean. Ils sont traditionnellement appelés cyprès par les gens de l'endroit, sans que l'on ne sache vraiment pourquoi, nom que certains biologistes reprennent parfois affectueusement à leur compte pour parler de cette espèce. S'ajoute au mystère la relation tout à fait particulière que le pin gris entretient avec le feu auquel il semble tout particulièrement bien adapté, à moins qu'il n'en soit dépendant. En forêt boréale, les populations de pin gris ont pratiquement toutes pris naissance par suite de feux de forêt, parfois sur de vastes territoires. En effet, le feu fait fondre la résine qui scelle les cônes où sont emprisonnées les semences, tout en créant des conditions favorables à leur germination en éliminant la compétition des autres végétaux. Les semences peuvent alors s'échapper par les écailles des cônes entrebâillés par le feu, germer dans un « lit douillet » en l'espace de 10 jours et entreprendre leur petit bout de vie d'une soixante d'années !

En étudiant les anneaux de croissance de diverses populations de pins gris, les chercheurs peuvent désormais retracer l'instant de leur venue au monde et reconstituer la séquence des feux survenus sur ces lointaines

C.M.

Les inflorescences mâles du pin gris se dressent au cœur de ses touffes d'aiguilles en couronne. Le feu est indispensable au pin gris : sa très forte chaleur fait entrebailler les cônes et permet ainsi aux semences de s'échapper.

S.H.

Pin

Le pin gris est l'une des espèces importantes de nos vastes forêts boréales, mais sa nordicité ne l'empêche pas d'agrémenter nos quartiers de son allure ébouriffée, tel ce spécimen de la région de la capitale.

contrées nordiques et la mettre en relation avec certains épisodes climatologiques. Il arrive qu'entre deux colonies de vieux pins gris, ils observent, se dressant au beau milieu d'un groupe de jeunes pins, des troncs trapus et tortueux à l'allure fantomatique, dénudés, blancs de peur : ce sont les pins gris devenus ignifuges depuis leur mort par le feu et qui se trouvent sur les lieux d'un feu récent. Saisissant!

Pin mugo

Pinus mugo Turra
Mugho Pine
Dwarf Mountain Pine

C.M.

C.M.

La floraison du pin mugo s'étale sur deux ou trois mois pendant lesquels les cônes femelles cohabitent avec les cônes mâles de l'année. En mûrissant, les cônes femelles passeront par une variété de tons violacés et finiront par être lisses et brillants.

Le pin mugo a été baptisé en 1764 du nom traditionnellement utilisé au Tyrol pour nommer ce pin montagnard. Rescapé des glaciations du Quaternaire, il se réfugie en altitude dans les Alpes orientales et les Carpates, entre 1 400 et 2 000 voire 2 500 m, où il se saoule de lumière en compagnie du mélèze d'Europe et du pin cembro.

Le pin mugo a la couenne dure et affronte courageusement les grands froids, enveloppé de son écorce tachetée de rouge. Ce pin ne dépasse pas 2 ou 3 m de haut; vu sa croissance lente, les pseudo-verticilles de ses branches tordues sont très peu espacés, d'où sa forme buissonnante. Ses branches inférieures rampent au sol avant de se redresser vers la lumière à leur extrémité. Cette silhouette prostrée pittoresque du pin mugo inspire les artistes de l'aménagement paysager qui l'intègrent aux jardins de rocailles, dont la mode est justement née du goût de reproduire l'habitat alpin. Toutefois, le pin mugo peut être davantage qu'un simple arbrisseau tourmenté; lorsqu'il croît dans un environnement confortable, il peut devenir bicentenaire et atteindre 25 m de haut. Aussi très plastique, le pin mugo s'adapte à divers habitats; on le trouve même en bordure de la mer où il s'agrippe aux dunes et empêche leur érosion. Selon son altitude, sa floraison profuse s'étale sur deux ou trois mois; les fleurs nichent au creux de ses touffes d'aiguilles courtes couplées en V, puis, pendant 15 mois, ses cônes femelles, d'abord purpurins ou violacés, mûrissent, deviennent arqués, asymétriques et laqués d'un beau vernis.

Le spectaculaire pin mugo du Parc des Moulins, l'un des plus beaux spécimens de la province, est âgé de 75 ans. Il possède en tous points l'apparence pittoresque que l'on recherche chez ce pin: situé au beau milieu d'un grand espace engazonné, il règne sur notre plus somptueuse rocaille imaginaire!

Pin noir d'Autriche

Pinus nigra Arnold
Austrian Pine

Le nom français du pin noir d'Autriche ne reflète pas parfaitement sa distribution géographique. Il pousse spontanément dans les Alpes autrichiennes au sud de Vienne, il est vrai, mais on le rencontre aussi sur les montagnes du centre et du sud-est de l'Europe, sur les îles et les rivages de la Méditerranée en Italie, en Grèce et en Yougoslavie de même qu'en Asie mineure.

Le pin noir d'Autriche est un imposant conifère qui atteint parfois les 600 ans et devient immense en milieu naturel où il peut atteindre 50 m de haut et 1,80 m de diamètre. Dur à cuire, ce pin dur rustique s'adapte à tous les sols, même les plus arides, en plus de résister à la sécheresse de l'air, au froid et au vent. Entre 1750 et 1780, on commence à le cultiver aux Pays-Bas pour sa multiplication facile par semis et sa transplantation

S.H.

Les cônes du pin noir d'Autriche se placent à angle droit par rapport à la pousse de l'année. Ils nichent au creux des longues aiguilles épaisses, où ils passent progressivement au brun clair avec la maturation.

C.M.

Chez ce pin noir d'Autriche, la cime irrégulièrement ovoïde révèle qu'il est arrivé à maturité sans être avancé en âge. Sa vie durant, il conservera sa robuste et sombre allure, alimentée par des branches épaisses.

Pin

aisée. Après avoir observé ses performances, on l'a introduit au Royaume-Uni en 1835. Peu après, dans le dessein de reboiser, on l'a transporté en Amérique du Nord, comme on l'avait fait trois quarts de siècle plus tôt avec le pin sylvestre. Mais ces deux essences n'ont pas su combler les attentes des forestiers et sont devenues, en lieu et place, les espèces d'arbres de Noël favorites des Américains ! C'est quand on a laissé entrer le pin noir d'Autriche en ville qu'on a véritablement pris la mesure de sa résilience : on le savait capable de tolérer les sels de déglaçage et la pollution atmosphérique mais, depuis peu, on constate qu'il compose avec les îlots de chaleur et les sols contaminés.

S.H.

Avec son écorce brun foncé d'aspect rugueux et son feuillage vert foncé, le pin noir d'Autriche a sombre allure.

Véritable caméléon, le pin noir d'Autriche voit sa silhouette évoluer du tout au tout au fil des années : jusqu'à sa trentaine, sa cime, juchée sur un tronc court et trapu, adopte une forme pyramidale, puis devient irrégulièrement ovoïde et par la suite, perdant petit à petit ses branches du bas, il développe une cime tabulaire ou en parasol. Sa vie entière, il conserve sa robuste et sombre allure, alimentée par des branches épaisses dont les rameaux foncés, en apparence ébréchés, supportent à leur extrémité des touffes globulaires de pinceaux d'aiguilles couplées. Ces aiguilles vert foncé, longues, recourbées, épaisses et rigides sont tout de même flexibles ; elles plient sans jamais se rompre, on les dirait de caoutchouc ! Les aiguilles vivent trois ou quatre ans et habillent la cime d'une grande opacité par endroits. Cette noirceur contraste avec la couleur plutôt vive de son écorce pittoresque ; parsemée d'une mosaïque d'épaisses plaques rouge violacé entremêlées de fissures noires, cette écorce fait le délice des aménagistes !

S.H.

Le pin noir d'Autriche tolère bien les sels de déglaçage, la pollution atmosphérique, les îlots de chaleur et les sols contaminés, bref la vie en ville est faite sur mesure pour lui.

La reproduction du pin noir d'Autriche s'opère sur deux ou trois ans. Il n'est donc pas rare d'apercevoir, attachés sur ses rameaux à angle droit, des cônes armés et arqués de deux ou trois âges différents qui mûrissent tous ensemble en douceur…

Pin rouge

Pinus resinosa Soland.
Red Pine

Le pin rouge est un pin dur de l'est de l'Amérique du Nord ; il pousse de Terre-Neuve jusqu'au sud-est du Manitoba, où il est le plus résineux des pins. Aux États-Unis, son aire de distribution naturelle se rend à la Pennsylvanie. Son nom français célèbre à la fois la couleur de son bois et celle de son écorce crevassée. Cette écorce rouge ou rosée est tissée de larges plaques irrégulières et planes qui s'allongent à mesure que vieillit le tronc et que s'épaissit l'écorce. Ainsi enrobés, les braves pins rouges sont souvent les seuls arbres à survivre à un feu de forêt.

Les pins rouges sont totalement allergiques à l'ombre. Tantôt ils forment des peuplements purs, tantôt ils s'associent à d'autres espèces assoiffées de soleil, tels le peuplier à grandes dents, le faux-tremble ou le pin gris. Mais, sans contredit, le meilleur ami du pin rouge, dans le bonheur comme dans l'infortune, c'est le pin blanc. Au XIXe siècle, lorsqu'on a cessé l'exploitation du pin blanc, parce qu'on avait pratiquement épuisé la ressource, c'est vers le pin rouge que se sont tournés avec véhémence les bûcherons à tel point qu'à son tour, le pin rouge n'est pratiquement plus exploité commercialement!

Le long fût droit du pin rouge ne tolère pas longtemps ses branches mortes et il s'élague de lui-même parfois sur les trois quarts de sa longueur, en peuplement pur : son espèce devient alors la source d'un bois exempt de nœuds, la caractéristique qui l'a conduit à sa perte. Heureusement, le pin rouge est une espèce de premier choix lorsque vient le temps de reboiser.

Avec l'âge, la cime conique du pin rouge devient de plus en plus irrégulière et s'aplatit à son sommet. Ses branches horizontales ou légèrement retombantes se relèvent à leur extrémité et se parent de robustes rameaux orangés dont l'extrémité s'hérisse de touffes de paires d'aiguilles luisantes, élancées et pointues. Ces aiguilles dites géminées, somme toute assez flexibles, cassent net lorsque l'on tente de les plier. Cela les différencie des aiguilles elles aussi jumelles du pin noir d'Autriche, une espèce qui peut ressembler au pin rouge, aux yeux de l'observateur non aguerri.

Le champion pin rouge de Québec vit des jours heureux dans l'arrondissement laurentien. Son tronc se dédouble et lui procure une forme atypique qui en a probablement découragé la récolte et lui a sauvé la vie jusqu'à ce jour... Quelques très rares arbres de cette essence poussent aussi du côté sud du chemin Saint-Louis, entre le domaine Cataraqui et les environs du parc Cartier-

C.M.

Le nom du pin rouge célèbre la couleur de son bois et de son écorce. Cette écorce est tissée de larges plaques irrégulières et planes qui s'allongent au fur et à mesure qu'elle s'épaissit, ce qui donne au pin rouge une excellente protection contre les feux de forêt.

C.M.

Totalement allergique à l'ombre, le pin rouge se déleste rapidement de ses branches mortes et s'élague ainsi de lui-même parfois sur les trois quarts de sa longueur. Le phénomène est bien visible sur ce sujet du domaine Cataraqui.

C.M.

Les branches du pin sylvestre se reconnaissent facilement à leur écorce rouge orangé ou jaunâtre qui s'effiloche.

capable de pousser à peu près n'importe où, en autant qu'il y a de la lumière, ce dont il est friand. Aussi n'est-il pas étonnant que les splendides forêts de pin sylvestre soient très claires comparativement aux forêts où règne le pin noir d'Autriche. Les fûts des pins sylvestres, dans leur portion supérieure, et leurs branches sont habillés d'une écorce rouge orangé ou plus jaunâtre qui s'effiloche, si bien que ces arbres enflammés semblent vibrer. Avec l'âge, les branches qui portent les rameaux sur lesquels s'espacent les bouquets de deux aiguilles glauques, se contorsionnent, forment des loupes et laissent pénétrer des ronds de lumière ! Il est facile d'imaginer comme le pin sylvestre peut devenir un superbe arbre d'ornement quand il est planté isolément.

À Québec, les spécimens d'intérêt de pin sylvestre poussent dans le lieu-dit de Château-d'Eau, en compagnie de superbes épinettes blanches et de Norvège. À la fin du XIXe siècle, cet endroit était un lieu de villégiature fort prisé des notables et autres bourgeois de Québec, et une communauté protestante s'y était installée.

C.M.

Avec l'âge, le pin sylvestre voit ses branches portant les rameaux sur lesquels s'espacent les bouquets d'aiguilles glauques, se contorsionner, former des loupes et laisser pénétrer des ronds de lumière. ▸

C.M.

Pinacées
Les pruches

Le genre *Tsuga* est cosmopolite, en ce sens que les pruches sont depuis longtemps partout sur la planète à l'intérieur des zones floristiques les plus importantes. À l'heure actuelle, la dizaine d'espèces existantes sont confinées aux habitats forestiers de l'est et de l'ouest de l'Amérique du Nord et de l'Asie. En Asie, on les trouve au Japon, à Taiwan, dans l'Himalaya et notamment en Chine, où les forêts anciennes servent de refuge aux pandas. Une présence historique de la pruche dans certaines portions du continent européen est également attestée : on a récolté et identifié du pollen de pruche dans plusieurs tourbières de France et de Pologne de même que du bois de pruche pétrifié, enfoui dans le sol.

En Amérique du Nord, quatre espèces de pruches sont indigènes et trois d'entre elles existent au Canada. À l'est du pays et particulièrement au Québec, seule existe la pruche du Canada. Elle partage avec ses consœurs occidentales un trait fort caractéristique : sa pousse apicale oblique lui procure une flèche qui épouse l'orientation des vents dominants. Sous nos cieux, la pruche penche vers l'est, son toupet au vent, ce qui lui permet de jouer le rôle fort utile de boussole, lorsque vient le temps de s'orienter en forêt ! Dans son habitat naturel,

Genre
Tsuga est un mot japonais signifiant arbre mère. Il a été utilisé pour la première fois en 1663 par le britannique John Josselyn. C'est après ses deux expéditions en Nouvelle-Angleterre que Josselyn a publié ses découvertes relatives à l'univers des sciences naturelles.

Tout comme cette pruche du boisé Neilson, la pruche adopte dans son jeune âge un port colonnaire ou conique plutôt régulier et une dense cime qui devient bien vite inégale avec les ans. En effet, son fût semble condamné à perpétuité à supporter de nombreuses branches mortes. Il se couvre aussi de courtes branches feuillées situées entre les étages irrégulièrement espacés de ses branches principales.

la pruche est particulièrement tolérante aux conditions adverses, à l'ombre prononcée et à la canicule. En aménagement paysager, on tire partie de sa silhouette gracieuse, de son feuillage retombant de texture délicate; on s'en sert pour assouplir la rigidité des pins et des sapins et pour ajouter un petit imprévisible aux arrangements à trop forte symétrie. La pruche pleureuse, un cultivar hautement ornemental, et notre pruche autochtone dont elle dérive, sont toutes deux présentes sur le territoire de la capitale.

Les aiguilles des pruches sont aplaties en section transversale, encavées d'un sillon en surface et dessinées en dessous de deux larges bandes pâles de stomates, les écoutilles responsables de leurs échanges gazeux. Comme chez le sapin, leur sommet émoussé ne pique pas: c'est ainsi qu'on peut facilement les distinguer des épinettes. Étrangement, la moitié supérieure de leur pourtour est échancrée de toutes petites dents. Les aiguilles des pruches fascinent toutefois par leur façon

Cette pruche du Canada, qui pousse à Tewkesbury, illustre bien comment la pruche profite de la jeunesse des feuillus environnants pour s'empresser de prendre du volume. ▸

bien à elles de s'accrocher pendant 3 à 10 ans aux rameaux. Ces derniers sont couverts de spirales de coussinets auxquels elles s'attachent par de petits pétioles filiformes qui se couchent sur les rameaux et se tordent au point où il ne semble plus n'y avoir que deux rangées d'aiguilles. Les aiguilles en surface des rameaux sont ordinairement plus courtes que celles du dessous, un avantage sans doute pour affronter l'aspect sombre des forêts de pruches.

Le nom français de la pruche est un canadianisme dérivé des mots pérusse et prusse utilisés en France pour désigner l'épinette (épicéa). Parfois aussi, on appelle la pruche « sapinette du Canada » ou, affectueusement, du nom vernaculaire « violon ». Au Québec, c'est l'espèce la plus frileuse de tous les conifères, car elle semble préférer croître au sud du fleuve Saint-Laurent. Au nord du fleuve, la pruche atteint sa limite septentrionale à Petite-Rivière-Saint-François et à Cap Tourmente, là où croissent de magnifiques champions provinciaux.

Au sein de la capitale, on a la chance d'observer la pruche sur le site historique du parc Cartier-Roberval, ou dans le parc riverain du lac Saint-Augustin et même à Pointe Sainte-Foy au cœur du quartier où subsistent encore les boisés de Marly et des Compagnons-de-Cartier, dans le boisé Neilson. Cette pièce de forêt, reconnue en 2005 par les autorités municipales comme milieu naturel d'intérêt de la ville de Québec, est pourtant menacée de disparaître au profit de grandes tours d'habitation. Les pruches, qui y sont âgées de 100 à 200 ans, se rejoignent par endroits au sommet de leurs cimes, créant ainsi un effet cathédrale remarquable. De plus, c'est à peine si elles entament leur vieillesse parmi les îlots conifériens où elles cohabitent avec les épinettes rouges et les pins blancs !

Les pruches sont de vénérables arbres appartenant à l'histoire du Québec méridional. Les premiers colons ont rapidement remarqué l'écorce de la « prusse » dont les étroites fissures s'insinuent entre les longues écailles rudes et dont la couleur varie du rouge cannelle au pourpre. Ils ont appris à utiliser cette écorce, riche en acide tannique, entre autres pour teindre la laine, mais surtout pour tanner les peaux de cuir. Ainsi, à Québec, en 1842, il existait 32 petites tanneries situées

C.M.

Contrairement aux épinettes, le sommet émoussé des aiguilles de pruche ne pique pas.

Pruche du Canada

Tsuga canadensis (L.) Carrière
Eastern Hemlock

C.M.

Les premiers colons ont rapidement remarqué l'écorce de la « prusse » dont les étroites fissures s'insinuent entre les longues écailles rudes et dont la couleur varie du rouge cannelle au pourpre.

C.M.

Fût droit et tête en broussaille sous une canopée de feuillus, cette pruche du lac Saint-Charles dans la région de Québec présente tous les traits caractéristiques de la pruche en milieu naturel.

principalement sur la rue Saint-Vallier. Partout au Québec, à l'intérieur de son aire d'indigénat, les pruches se sont raréfiées à cause de l'exploitation éhontée qu'on en a fait : on les abattait, on déshabillait la base des troncs de leur épaisse écorce, on s'en servait pour faire glisser vers le moulin les troncs de pin, puis on les laissait pour compte : quel gaspillage !

Pourtant, si nous savions combien valeureuse est la pruche ! Essence d'ombre par excellence, la pruche se comporte d'une façon diamétralement opposée à celle d'un arbre pionnier. D'une patience infinie, elle attend parfois des siècles que des essences friandes de lumière aient créé une sombre forêt où ses semences pourront enfin germer, au creux d'un lit d'humus humide et moelleux. Les jeunes pruches pourront ensuite s'installer sous le couvert des érables à sucre, des bouleaux jaunes ou de leurs meilleurs amis, les hêtres à grandes feuilles. En grandissant, ces derniers projetteront tout autour une ombre qui s'opacifiera avec une telle in-

S.H.

Superficiellement enracinée, la pruche est en perpétuel déséquilibre et s'expose à être renversée par le vent. C'est peut-être cette menace qui lui procure un air si sombre, à moins que ce ne soit ses aiguilles, courtes et lustrées en surface, mais de couleur bleu glauque foncé. ▸

tensité qu'elle enveloppera totalement de noirceur les jeunes pruches. Ainsi contraintes, ces pruches réagiront à leur tour et parviendront à ralentir leur croissance pour enfin se placer à longueur d'année en état d'hibernation. Durant 25 à 200 ans, le temps qu'il faudra, elles resteront ainsi sans broncher à attendre le décès des vieux sujets avoisinants et la création de trouées dans la canopée, pour se remettre à croître avec le retour de la lumière et à vivre des jours meilleurs !

Au Québec déjà, lors d'inventaires menés par le ministère des Ressources naturelles à l'intérieur des forêts anciennes appartenant aux écosystèmes forestiers exceptionnels, des pruches de 600 ans ont été recensées. D'autres chercheurs ont observé une excellente production de cônes chez de vieilles pruches de 450 ans. Émouvant !

La pruche pleureuse, l'un des plus magnifiques conifères, englobe en fait une série de cultivars dont la caractéristique commune est une silhouette retombante fort gracieuse. Ces cultivars s'illustrent par une croissance lente qui leur ouvre la porte des petits jardins, où ils apparaissent souvent plus larges que hauts. La première de ces variétés horticoles est née à la pépinière Parsons, de l'état de New York, en 1877. On peut admirer une superbe pruche du Canada pleureuse sur l'avenue Morgan à Québec.

C.M.

L'écorce de la pruche, riche en acide tannique, a été très tôt exploitée par les premiers colons dans les tanneries de la Nouvelle-France.

Pruche du Canada pleureuse

Tsuga canadensis (L.) Carrière 'Pendula'
Weeping Eastern Hemlock

Pruche

Pinacées

Les sapins

C.M.

Genre *Abies*
Le nom *Abies*, d'origine inconnue, a été employé vers l'an 77 par Pline l'Ancien, le célèbre naturaliste romain, auteur de l'encyclopédie *Histoire naturelle*, pour désigner un sapin de l'Ancien Monde. Apparus il y a 20 millions d'années, neuf espèces sont maintenant indigènes à l'Amérique du Nord, dont quatre au Canada.

Tous les sapins du monde, un peu plus d'une cinquantaine d'espèces, sont des résineux à feuillage persistant distribués sur un vaste territoire forestier couvrant l'Amérique du Nord, l'Amérique centrale, l'Europe, l'Asie et le nord de l'Afrique. Tout comme les épinettes, les sapins affectionnent les conditions fraîches et humides. Les espèces qui croissent aux latitudes les plus méridionales sont généralement confinées aux flancs des montagnes les plus élevées, souvent aux altitudes correspondant à la limite des arbres. À l'opposé, les espèces appartenant à la forêt boréale poussent le plus souvent en basse altitude mais, chez certaines d'entre elles, se sont développées des variétés ou des races locales aux formes tortueuses, capables de supporter des conditions extrêmement rudes.

Généreux, les sapins sont une précieuse source d'huile qu'on extrait de leurs aiguilles pour fabiquer divers composés pharmaceutiques. L'oléorésine cueillie à même les vésicules saillantes qui parsèment leur tronc entre aussi dans la pharmacopée. En outre, celle qui est extraite de notre sapin baumier, sous le nom de baume du Canada, est encore utilisée de nos jours pour cimenter les lentilles et les instruments optiques.

Chez les sapins, les aiguilles le plus souvent stériles des rameaux inférieurs déjouent l'observateur : généralement courtes, elles sont aplaties transversalement et arrondies au sommet, ce qui les rend douces au toucher contrairement aux aiguilles des épinettes. Leurs points d'attache sur le rameau dessinent une spirale ; pourtant, elles semblent tout bonnement disposées en deux rangées qui se font face, de part et d'autre du rameau. En fait, les aiguilles se contorsionnent à leur base au point où celle-ci semble étranglée. Sous ce resserrement, chaque aiguille se fixe directement au rameau duquel elle chutera au bout de 7 à 10 ans en laissant une cicatrice circulaire semblable à l'empreinte d'une ventouse !

Sapin argenté

Abies concolor (Gord. & Glend.) Lindl. ex Hildebr.
White Fir

Le sapin argenté est un très grand arbre. Il croît naturellement dans les montagnes de l'ouest des États-Unis, entre 1 000 et 2 700 m d'altitude. Sous un climat continental sec, il s'associe au douglas bleu, avec lequel il partage parfois trois siècles d'existence, et au peuplier faux-tremble de courte vie. Il a été découvert en 1847 par August Fendler, près de Santa Fee, au Nouveau-Mexique. C'est devenu un arbre ornemental d'importance en Amérique du Nord et en Europe depuis son introduction en culture en 1867. L'espèce est particulièrement appréciée dans l'est des États-Unis et au Canada, car elle est la mieux adaptée de tous les sapins au milieu urbain à cause de sa rusticité, de sa croissance rapide et de sa tolérance à l'ombre et à la sécheresse.

C.M.

D'origine américaine et importé à Québec pour l'ornementation il y a environ 45 ans, le sapin argenté a des feuilles glauques, c'est-à-dire de couleur vert marin bleuté. Ici, on voit le beau spécimen de la rue Montbray à Québec.

Sa couleur bleue émeut encore davantage lorsqu'on examine ses tendres nouvelles pousses, recouvertes de poils doux et soyeux. Ses très longues aiguilles caoutchouteuses de 4 ou 5 cm sont légèrement recourbées, telles des faucilles, et dégagent un parfum d'agrume au froissement. Elles sont uniformément colorées d'un vert bleuâtre très pâle, car elles sont partout recouvertes de minuscules ponctuations sur les deux faces. Cette apparence glauque est à l'origine de son nom spécifique : *concolor.*

Dans la nature, il est réputé pour produire de nombreux cônes cylindriques, longs de 7 à 12,5 cm, qui se dressent dans le tiers supérieur de sa couronne, surtout à l'arrivée de ses 50 ans. Ainsi, la première production importante de cônes ne saurait tarder chez les spécimens de la région de Québec.

Le sapin argenté développe un fût très droit recouvert d'une écorce grisâtre, dont les fissures révèlent des soupçons de rouge. Il doit son remarquable port pyramidal aux branches nombreuses qui structurent sa dense et régulière forme conique. Ses branches les plus basses s'inclinent vers le sol et lui donnent l'allure d'une nouvelle mariée ; à mi-hauteur, elles sont parfaitement horizontales tandis qu'au sommet, elles se tournent obliquement vers le ciel. C'est ce qui confère à sa cime sa forme arrondie distincte. ▸

C.M.

Sapin baumier

Abies balsamea (L.) P. Mill.
Balsam Fir

C.M.

Ce remarquable sapin baumier pousse en bordure des sentiers des Marais du Nord, au lac Saint-Charles.

Le sapin baumier est caractéristique des régions froides où il y a une bonne humidité ambiante. En altitude, il pousse en peuplement pur ou en compagnie de l'épinette, du bouleau et du peuplier faux-tremble. Plastique, il crée facilement des associations édaphiques ; autrement dit, il s'adapte à divers sols selon leur niveau d'humidité et finit par cohabiter avec une grande variété d'espèces différentes. Aussi le trouve-t-on, en sols humides, associé au mélèze laricin, à l'épinette noire et à l'érable rouge. En sols plus secs, il étale largement son système radiculaire et se mélange à l'épinette blanche, à l'épinette rouge, au pin blanc, à la pruche et au thuya.

Comme le sapin baumier tolère beaucoup mieux l'ombre que les essences avec lesquelles il est le plus fréquemment associé, le bouleau blanc par exemple, il peut survivre de nombreuses années sous le couvert des plus grands arbres pour ensuite se déployer après leur disparition. Chez cette espèce réputée de courte vie, certains individus peuvent tout de même atteindre l'âge de 200 ans. Un sapin baumier « record » de 400 ans a déjà été recensé sur une île de l'Archipel-de-Mingan.

Le sapin baumier est de taille plutôt faible ou moyenne, et le diamètre de son tronc légèrement fuselé tourne habituellement autour de 35 à 40 cm. De toutes les espèces nord-américaines, le sapin baumier est probablement celle qui est la plus symétrique : la forme bien dessinée de sa cime vert bleuâtre foncé, étroitement pyramidale, dirige droit vers le ciel sa pointe spiralée.

Déjà à 15 ans, tel un adolescent assoiffé de nouvelles expériences, le sapin baumier, tout enrobé de son parfum épicé, produit ses premiers cônes de semences. Ces cônes de forme ovoïde-cylindrique, de 6 à 10 cm de long et couverts de résine, brillent de milles feux depuis la portion supérieure de l'arbre où ils se dressent. Ils étonnent par leur couleur violet pourpré d'abord, puis vert olive teinté de pourpre. Les cônes parviennent à maturité dès la fin de la saison de leur formation ; leurs écailles et les courtes bractées qui s'y entremêlent se détachent de l'axe central des cônes, et ils se désarticulent.

C.M.

Typiquement, le sapin baumier s'enracine peu profondément, mais ses racines couvrent un vaste territoire.

Progressivement, leurs graines tendrement colorées de rose, de lavande et de brun s'éparpillent grâce à l'unique aileron dont elles sont munies et des quelques gouttelettes de résine dont elles sont recouvertes. Dorénavant, une année sur deux, la récolte de semences sera bonne. Mêmes si les graines ne réussissent à germer qu'une fois sur quatre, le sapin baumier réussit de façon très agressive à recoloniser les terrains déboisés de façon non moins agressive par les coupes à blanc…

Sapin de Corée

Abies Koreana Wilson
Korean Fir

Originaire des montagnes du sud de la Corée, le sapin de Corée convient bien aux jardins de ville par son port compact, sa très lente croissance et sa valeur décorative. C'est un botaniste français, Urbain Jean Faurie, qui l'a découvert en 1905 sur le mont Hallai, dans l'île volcanique de Quelpaert, et qui en a fait parvenir des graines en France. Aujourd'hui, à l'état naturel, ce sapin est considéré quasi menacé par l'IUCN.

Le sapin de Corée a plus d'un charme : son port pyramidal est régulier et élancé, ses branches horizontales sont très nombreuses et ses rameaux se parent de pourpre avec la maturité. Ses aiguilles sont d'un très beau vert brillant sur la face supérieure et parsemées de bandes de stomates blanchâtres sur la face intérieure ; comme elles se recourbent autour du rameau, cela crée un bel

C.M.

Sur les plus vigoureux rameaux des sapins, les aiguilles tordues sont souvent toutes peignées vers le haut, ce qui donne à ces pousses une apparence de brosse. Ci-dessus, les cônes d'un sapin de Corée.

effet argenté agréable à l'œil. Assez étonnamment, c'est aussi pour la valeur décorative de ses cônes qu'il est tout particulièrement recherché. En effet, ce sapin produit une profusion de cônes dressés de forme cylindrique qui prennent avec les ans une teinte violet pourpré très rare. Chez son cultivar, le 'Horstmann's Silberlocke', les cônes adoptent plutôt une coloration bleuâtre. Enfin, ces magnifiques cônes apparaissent quand le sapin est à peine haut de 1 m : cette fructification alors que l'arbre est encore tout petit, c'est vraiment la marque de commerce du sapin de Corée !

C.M.

Salicacées

Les saules

On dit que le nombre d'espèces de saules arbustifs ou arborescents oscille entre 300 et 500 espèces. Cela autorise une bien grande marge d'erreur... Elle est attribuable à la difficulté d'identifier les saules, à leur grande variabilité intraspécifique et aussi à leur propension à s'hybrider entre eux. Si on désire nommer correctement un saule, il faut généralement l'observer au moment de sa floraison et de sa fructification.

Les saules sont des espèces ligneuses pionnières, si bien qu'on les rencontre à peu près partout sur la planète sous diverses formes botaniques, mais toujours en des lieux baignés de soleil. Ils apprécient aussi généralement la fraîcheur et les lieux humides. Il existe des espèces de saules tropicaux qu'on trouve en Indonésie, en Afrique du Sud ou dans la portion méridionale de l'Amérique du Sud, mais ils colonisent majoritairement les régions froides et tempérées de l'hémisphère Nord ; c'est en Chine où ils sont les plus nombreux. Certaines espèces prolongent leur distribution naturelle au-delà du Cercle Polaire jusqu'à la limite des arbres, où ils se nanifient ou rampent pour former des couvre-sol. À l'opposé, il existe de très volumineux saules en bordure des cours d'eau, là où les racines entremêlées à la fois

Genre *Salix*
Le genre botanique auquel appartiennent les saules a été créé à la fin du XVIIe siècle par l'illustre Joseph Pitton de Tournefort (1656-1708), professeur de botanique au Jardin du Roi et professeur de médecine au Collège de France. Il a conservé à ces arbres le nom *Salix* qui leur était donné en latin.

Saule

C.M.

Il existe de très volumineux saules, comme ce champion du boulevard Chauveau à Québec. On les rencontre habituellement en bordure des cours d'eau, là où l'enchevêtrement de leurs racines stabilisent les berges.

étanchent leur soif et stabilisent les berges. Pour combattre l'érosion, on a mis à profit leur tendance naturelle à s'agripper en tressant des tapis de branches de saule qui, une fois disposés au sol d'un rivage, s'enracinent illico.

De la centaine d'espèces de saules indigènes en Amérique du Nord, 62 sont également présentes au Canada, dont 15 à 20 sont des arbres. Les grands saules plantés pour l'ornementation sont habituellement d'origine exotique. On connaît tous le saule pleureur, originaire de la Chine orientale, dont le port pittoresque peut attendrir la pire des brutes, sauf qu'on le voit de moins en moins, car sa vie est souvent écourtée par la maladie ou les insectes. Mentionnons aussi le saule laurier, originaire d'Europe et de l'ouest de l'Asie, une espèce plutôt nordique qui a été passablement plantée en Abitibi et dont il y a quelques exemplaires dans la Capitale. Toutefois, on plantait le plus souvent le saule fragile hybride, aux rameaux non pleureurs, pour sa vitesse de croissance fulgurante! C'est une qualité qu'il partage avec les peupliers, ses proches parents.

Saule fragile hybride

Salix alba x fragilis L. ou *Salix x rubens* Schrank

Hybrid White Willow, Hybrid Crack Willow

C.M.

Les milliers de petites fleurs blanchâtres du saule fragile hybride recouvrent entièrement les chatons ascendants, tous mâles ou femelles, eux-mêmes attachés à de courtes pousses feuillées.

Le saule fragile hybride aux branches et aux pousses dressées n'a rien d'un saule pleureur et possède plutôt l'allure d'un hérisson! Il résulte d'un croisement entre le saule blanc, une espèce européenne fréquemment plantée en Amérique du Nord, et le saule fragile, une espèce d'Europe orientale et d'Asie occidentale. Le saule fragile, fréquemment planté au Québec, est le saule qui atteint les plus grandes dimensions sous nos cieux, si bien que le saule hybride peut devenir lui aussi corpulent. Il développe rarement un tronc unique et pousse plutôt sous la forme d'un bouquet de troncs évasé mesurant chacun 3 m ou plus de tour de taille. Chaque année, ils prennent de l'embonpoint au rythme d'environ 1 cm de diamètre, ce qui se perçoit à l'œil nu. Avec le temps, leurs énormes troncs cannelés paraîtront avoir été égratignés par un ogre.

Les troncs des saules supportent une belle cime ouverte aux allures d'un gigantesque bouquet de brocoli. Avec son feuillage d'une fine texture qui brille au soleil, la cime contraste avec l'apparence massive de son squelette. Ces feuilles scintillantes, le saule fragile hybride les doit à leur surface devenue glacée après une jeunesse plus velue. Élancées, elles sont en moyenne cinq fois plus longues que larges. Elles mesurent jusqu'à 10 cm de long lorsqu'elles alternent sur leurs rameaux olivâtres et doublent de dimensions lorqu'elles garnissent certains rejets. Leur pourtour est fait de dents à pointe glandulaire et il y a parfois de très petites stipules à la base du pétiole, ces feuilles modifiées que l'on trouve chez plusieurs saules.

À l'instar de tous les saules et peupliers, les individus de cet hybride sont ou mâles ou femelles ; ils se couvrent entièrement de chatons pluriflores ascendants, tous mâles ou femelles, attachés à de courtes pousses feuillées. Chaque fleur rudimentaire, sans sépale ni pétale, porte à sa base deux glandes nectarifères qui constituent, tout comme le pollen des fleurs mâles, une nourriture printanière fort appréciée des abeilles.

Mais avec le saule fragile pour parent, le saule hybride possède inévitablement des rameaux et des ramilles cassants, qui se brisent sous de forts vents et s'amoncellent en mille miettes à son pied. Il n'en faut pas plus, parfois, pour que s'enracine aussitôt une de ces brindilles, donnant naissance à un saule fiston qui prendra rapidement du galon ! À la stature qu'il a, parions que le saule hybride, malgré ses branches à réparer et ses blessures à panser, est le plus heureux des arbres !

Ce spectaculaire saule fragile hybride du parc Victoria à Québec est centenaire et atteint des proportions dignes d'un champion.

C.M.

Rosacées

Les sorbiers

C.M.

Genre *Sorbus*
Les sorbiers se regroupent à l'intérieur du genre botanique *Sorbus* dont le nom s'inspire de l'ancien nom latin du *Sorbus domestica*, le cormier véritable, connu au sud de l'Europe, en Asie occidentale et en Afrique du Nord. La racine latine nous a aussi donné « sorbes », le terme qui désigne les petits fruits rouges ou orangés du sorbier.

Les sorbiers, tantôt des arbustes, tantôt des arbres de petite ou de moyenne taille, sont représentés par 75 espèces différentes réparties à l'intérieur de la zone tempérée septentrionale de l'Amérique du Nord, de l'Europe et de l'Asie. Au Québec, on rencontre deux des quatre essences arborescentes indigènes du Canada. L'une d'elles, le sorbier d'Amérique, traditionnellement appelé cormier, appartient à la tribu des sorbiers vrais. Ce sont les sorbiers « classiques » : ces espèces ont des feuilles composées de folioles réparties de part et d'autre d'un pétiole commun central, à la façon des barbes d'une plume. Il y aussi le sorbier de Suède, représentant la tribu des alisiers, dont les feuilles simples ressemblent à celles de l'aulne. Tous deux ont été historiquement plantés à titre d'arbres d'ornement, à petit développement, en raison de leurs fleurs attirantes, de leur feuillage brillamment coloré à l'automne, et de leurs fruits rouges ou orangés. Aujourd'hui, en milieu urbain, notre sorbier indigène est devenu introuvable, car il a été remplacé par l'alisier de Suède, qui présente l'avantage d'être plus résistant aux canicules.

Malgré leur petitesse, les sorbiers présentent de grosses branches ascendantes. Celles-ci sont emballées d'une mince écorce lisse, odorante, gravée d'apparentes lenticelles horizontales. Ses rameaux, si l'on se risque à les goûter, ont une saisissante saveur d'amande désagréable. Ils sont incrustés de cicatrices en croissant, qui indiquent l'emplacement des feuilles des années antérieures, et ponctués des cinq cicatrices de leurs vaisseaux de sève. Ils présentent aussi des cicatrices annelées, indicatrices de la position des écailles des bourgeons de jadis. Lorsque les bourgeons terminent les rameaux, ils sont souvent devenus de gros bourgeons à fleurs pointus : ils contiennent les futures inflorescences aplaties pluriflores évoquant celles des sureaux. Leurs nombreuses fleurs blanc crème enrobées de cinq pétales, contiennent 20 étamines et un style composé de trois carpelles. Ces feuilles spécialisées abritent des graines luisantes qui constituent, en quelque sorte, les pépins de ses tout petits fruits rouges ou orangés ; c'est pourquoi on dit que les sorbes sont pomacées ; le fruit présente un cœur équivalent au cœur d'une pomme.

C.M.

Il n'est pas surprenant que le sorbier ait gagné la faveur populaire : ses fleurs sont attirantes au printemps, son feuillage est brillamment coloré à l'automne, et ses fruits ajoutent une touche de gaieté à l'ensemble.

Alisier de Suède

Sorbus intermedia J.F. Ehrh. Pers.
Swedish Whitebeam

L'alisier de Suède, ou sorbier de Suède, est un hybride naturel ; le croisement présumé se serait fait entre l'alouchier (*Sorbus aria*) et le sorbier des oiseleurs (*Sorbus aucuparia*) de la tribu des sorbiers véritables. Il croît spontanément au nord-est de l'Allemagne et dans les pays baltes. On le trouve partout en Scandinavie, en Suède, bien sûr, où on l'appelle *Oxel*, mais aussi en Norvège et au Danemark ; dans les régions les plus nordiques de sa distribution, il arrive à supporter les plus terribles conditions climatiques. En Écosse, enfin, c'est le seul feuillu à affronter, malgré sa relative délicatesse, les conditions invivables qui prévalent dans les archipels Orcades et Shetland.

C.M.

Les fruits du sorbier, appelés sorbes, sont du type pomacé comme la poire ou la pomme, car ils portent leurs graines dans le cœur.

L'alisier est tout aussi capable de vivre à des latitudes plus méridionales et de tolérer la pollution de l'air des grandes villes européennes et nord-américaines. On en trouve quelques spécimens à Québec, mais depuis à peine un demi-siècle. Ils poussent avec vigueur et semblent vraisemblablement moins souffreteux que notre sorbier indigène.

L'alisier a lui aussi ses particularités : dès son jeune âge, son fût semble déjà habillé d'un habit trop petit ! Son écorce commence bientôt à se fendre et à se dessiner de losanges là où l'écorce interne devient exposée, puis

Le sorbier de Suède ci-contre est un sujet de fortes dimensions, âgé de 40 ans, qu'on peut voir dans l'arrondissement Les Rivières. Il n'y a pas de plus belle illustration de l'attrait que peuvent avoir ses robustes branches charpentières ! ▸

C.M.

Très nombreuses, les fleurs blanc crème du sorbier sont enrobées de cinq pétales contenant une vingtaine d'étamines et contrastent avec la robustesse des rameaux.

C.M.

Alors que nos sorbiers indigènes ont des feuilles composées de folioles réparties de part et d'autre d'un pétiole commun central, le sorbier de Suède, montré ci-dessus, présente des feuilles simples qui ressemblent à celles de l'aulne.

C.M.

elle s'exfolie avec l'âge. Ses pousses annuelles, couvertes d'un duvet laineux, s'épanouissent pendant que ses feuilles s'extirpent de bourgeons qui ressemblent à des mocassins argentés pubescents. C'est ce type de feuilles qui est à l'origine du nom *intermedia* de cet hybride. Elles tiennent de l'alisier leur moitié supérieure non découpée et couverte d'un voyant duvet blanc grisâtre au revers, tout en empruntant au sorbier européen des lobes de plus en plus profonds au fur et à mesure qu'on se rapproche de leur base en coin. De toute façon, à l'automne, on n'y verra plus que du feu, car à ce moment-là, ses infrutescences, très voyantes et chargées de sorbes rouge brillant, auront succédé à ses grosses corymbes de fleurs odoriférantes aux anthères roses. L'alisier est un petit arbre qui n'a pas froid aux yeux !

Sorbier d'Amérique

Sorbus Americana Marsh.
American Mountain-Ash

Le sorbier d'Amérique est souvent arbustif, mais il n'est pas rare qu'il se transforme en un petit arbre de 10 m de haut. Originaire de l'est de l'Amérique du Nord, il croît souvent en terrain humide, en bordure des cours d'eau, là où son écorce mince devient la nourriture de prédilection des castors. À l'opposé, il réussit aussi à s'agripper aux sols secs des pentes rocailleuses.

On a tenté la culture de ce mignon petit arbre en milieu urbain, avec un certain succès, à compter des deux ou trois premières décades du XXe siècle. Bien des grands-mamans québécoises se souviennent de leur « cormier » qu'elles accompagnaient dans les phases de son cycle de vie annuel : ses bourgeons gommeux rouge foncé se gorgeant de sève ; ses spirales de feuilles composées vert clair qui se déroulent à la façon des fougères ; ses cymes chargées de fleurs qui diffusent un parfum aussi surprenant que celui des fleurs d'aubépine ; ses fruits brillant au soleil sous un ciel d'automne.

Mais aujourd'hui, en ville, où la qualité de vie s'est détériorée, notre sorbier indigène souffre. De tout son être, il nous appelle au secours, ses feuilles rouillent sur place, et même son écorce, écailleuse et fragmentée à la base de son tronc, lui donne un air vieillot avant l'âge !

Avec son port aux formes pittoresques, le sorbier d'Amérique a été jadis beaucoup cultivé ; de vieux sujets de l'époque de cette vogue subsistent encore à Québec. ▾

S.H.

C.M.

Cupressacées

Les thuyas

Genre *Thuja*
Le mot grec *θυια*, qui désigne le genre auquel appartient notre fameux « cèdre », fait référence à son bois parfumé. C'est à tort qu'on se sert du mot « cèdre » pour désigner le thuya, car le véritable *Cedrus* est originaire d'Afrique et d'Asie ; bien que le terme soit très ancré dans l'usage au Québec, par souci de rigueur, on utilisera plutôt le nom *thuya*.

Les thuyas forment un tout petit genre botanique comprenant à peine cinq ou six espèces éparpillées aussi bien dans les forêts de la Chine, de Taiwan, de la Corée et du Japon que de l'Amérique du Nord, où il n'y en a que deux. Notre « cèdre du Canada », le *Thuya occidentalis* L., était totalement inconnu des premiers colons européens, ce qui explique probablement le nom vernaculaire inapproprié qui lui colle à la peau. L'explorateur et géographe Jacques Cartier l'aurait surnommé *arbor vitæ*, après que ses matelots aient été guéris du scorbut grâce à une tisane à base de son écorce et de son feuillage préparée par les Amérindiens. Selon certaines sources, ce serait le premier arbre qu'il aurait ramené et contribué à implanter en Europe.

Les thuyas, et leurs nombreux cultivars, ont des tailles variables, adoptent des formes intéressantes avec l'âge et poussent dans divers types de sols, des tourbières aux plaines calcaires sèches ; même s'ils ont une affinité pour les sols humides, ils les préfèrent relativement bien drainés et ne s'aventurent jamais aussi loin dans l'eau que le mélèze. Ils s'implantent et croissent rapidement, même dans les sols argileux si fréquents au Québec, grâce à leurs racines superficielles très étalées. Ce sont des essences recherchées comme arbres d'ornement en raison de leur cime régulière, de leur tolérance à l'ombre, de la densité et de la couleur de leur feuillage persistant. Aussi en a-t-on créé une foule de variétés horticoles permettant de mettre en valeur des silhouettes ou des couleurs inusitées. Au parc des Moulins, l'écotouriste pourra observer des spécimens de thuyas appartenant à des cultivars pyramidal et doré! Il n'est donc pas étonnant que le thuya soit depuis longtemps l'essence de prédilection des Québécois pour la construction de haies brise-vent ou de haies délimitant des propriétés.

C.M.

Les feuilles des thuyas semblent tressées de quatre rangées d'écailles fortement imbriquées et superposées les unes aux autres. Dans les jardins, à la campagne comme à la ville, on met à profit leur densité et leur persistance pour isoler du regard et donner au décor la vitalité de son vert jaunâtre lumineux.

Les arbres ou gros arbustes du genre *Thuya* sont éminemment résilients, car ils ont développé plusieurs stratégies de multiplication végétative : ils peuvent renaître par marcottage, surtout dans les tourbières et les marécages; de même, leurs branches supérieures renversées par le vent et leurs ramules tombées au sol sont parfaitement capables d'enracinement. Ils peuvent aussi atteindre des âges records tout à fait époustouflants qui s'approchent du millénaire. Sur les rives de quelques îles du lac Duparquet, en Abitibi, on a répertorié 38 « cèdres » âgés d'au moins 500 ans et, parmi eux, il y avait le plus vieil arbre du Québec, un thuya de 925 ans!

Thuya occidental

Thuya occidentalis L.
Eastern White Cedar

Qui ne connaît pas le thuya occidental, ce conifère au feuillage écailleux qu'il suffit de frotter pour que s'exhale une odeur fortement parfumée! Qui ne connaît pas ce résineux aromatique au tronc massif qui n'hésite pas à développer des contreforts à la base pour mieux soutenir le poids de son bois d'une grande durabilité. Tout chez lui est contraste. Bien qu'il s'enracine superficiellement et soit sensible aux vents, il détient le record de longévité des espèces québécoises. Son écorce est mince, mais fibreuse et solide comme un textile. Son bois est cassant et mou, mais également lourd et pratiquement à l'épreuve du feu! Ses branches sont enclines à pendre de façon gracieuse, mais ses ramules feuillées se déploient en un éventail aplati sur un seul plan rigide. Enfin, tout indigène et rustique qu'il soit, il a une valeur esthétique certaine.

En milieu naturel, le thuya occidental forme rarement de vastes groupements purs, mais accompagne plutôt des peuplements de sapins, d'épinettes ou de mélèzes.

C.M.

Les thuyas sont des essences recherchées comme arbres d'ornement en raison de leur cime régulière, de leur tolérance à l'ombre, de la densité et de la couleur de leur feuillage persistant. Au parc des Moulins, ci-dessus, l'écotouriste pourra observer des îlots de thuyas appartenant à des cultivars pyramidal et doré !

Son habitat consiste le plus souvent en des sols humides, voire marécageux, bien qu'il peut aussi, comme sur l'escarpement de la colline de Québec, vivre accroché à des parois rocheuses calcaires. En effet, notre bon vieux résineux colonise volontiers les flancs rocheux et escarpés du fleuve Saint-Laurent, où il subsiste parmi les bosquets d'aubépine, un vestige des peuplements forestiers de la Nouvelle-France.

Le thuya occidental est monoïque : ses structures reproductrices mâles et femelles, sous forme de cônes immatures ressemblant à des bourgeons, sont des solitaires qui se distribuent sur des branches différentes du même sujet. Ces cônes se situent généralement à l'extrémité de ramules courtes où ils apparaissent à l'automne et restent visibles l'hiver durant. Les cônes fructifères ont d'abord des écailles dont la consistance évoque le cuir, et leur mûrissement s'achève dès le premier été. La dispersion des graines, petites et aplaties avec deux ailes latérales, et la chute des cônes commencent à l'automne pour s'étaler ensuite pendant la saison froide.

C.M.

L'écorce et le bois du thuya, comme ses racines d'ailleurs, présentent une belle teinte rouge sombre. Ici, le sujet champion de Kent House, près de la Chute Montmorency, se charge des cônes immatures qui lui servent d'organes de reproduction et qui se distribuent de haut en bas à l'extrémité des branches. ▸

C.M.

Tiliacées

Les tilleuls

L'apparition des tilleuls sur Terre ne remonte pas à une très lointaine période géologique. Pourtant, à ce jour, 30 espèces fossiles différentes de tilleuls ont été découvertes en des sites isolés des régions froides de l'hémisphère Nord. À peu près autant d'espèces vivent toujours à l'est de l'Amérique du Nord, au Mexique, en Europe, dans le centre de la Chine et au sud du Japon.

En Europe, on cultive depuis toujours le tilleul à grandes feuilles (*Tilia platyphyllos* Scop.) et le tilleul d'Europe (*Tilia x europæa* L.) alignés en bordure des avenues des grandes villes ou dans les parcs et les jardins. En Allemagne, les tilleuls, spécialement les spécimens mathusalems de tilleul à grandes feuilles, sont plus populaires que les chênes. À l'ouest du pays, on recense plus de 850 localités dont les noms évoquent le tilleul. Toutefois, la plus belle consécration du genre *Tilia* en Allemagne se trouve à Berlin, la capitale : c'est la célèbre et magnifique avenue *Unter den Linden* (sous les tilleuls), attenante à la porte de Brandebourg.

En Amérique du Nord, c'est à des fins ornementales qu'on a beaucoup cultivé le tilleul à petites feuilles (*Tilia cordata* P. Mill.) originaire d'Europe, et les hybrides

Genre *Tilia*
Le nom du genre *Tilia* est un ancien nom latin probablement relié au mot grec πτιλον (aile), sans doute pour évoquer la grande bractée ailée qui est soudée aux inflorescences et aux infrutescences des tilleuls.

C.M.

Avec leurs feuilles en forme de cœur et leurs délicates fleurs crème au parfum tout aussi délicat, les tilleuls sont des arbres de stature imposante aux indéniables qualités ornementales.

qui en sont dérivés (tilleuls d'Europe et de Crimée), de même que le seul tilleul indigène au Québec, le tilleul d'Amérique (*Tilia americana*). Ce dernier revêt une apparence magnifique, particulièrement lorsqu'il est planté dans de grands espaces où il prend ses aises ; malheureusement, il est moins bien adapté aux conditions de vie urbaines que ne le sont les variétés étrangères.

Tous les tilleuls affectionnent les sols riches et humides où ils étalent et enfoncent profondément leurs racines. De moyennes ou de grandes dimensions, les tilleuls possèdent des rameaux assez costauds, dépourvus de bourgeon terminal. Leurs feuilles translucides, alternes et caduques, adoptent le plus souvent la forme d'un cœur et s'attachent aux rameaux en guingois, c'est-à-dire de façon oblique asymétrique. Leurs nervures principales se déploient en éventail depuis la base et leurs nervures latérales rectilignes atteignent la bordure. Leurs fleurs parfaites (à la fois mâles et femelles) de couleur crème sont toutes petites, fort nombreuses et très odorantes. Attachées à de délicats pédoncules, ces fleurs mellifères se regroupent à l'aisselle des feuilles des nouvelles pousses pour former un type d'inflorescence lâche et pendante, appelé cyme. Cette cyme est soudée à une bractée foliacée coriace. Chaque fleur est constituée de cinq pétales ayant chacun une glande nectarifère à sa base : véritable appât pour les pollinisateurs !

Enfin, les fleurs de tilleul participent à l'histoire de la phytothérapie : depuis l'Antiquité, on les utilise pour leurs propriétés calmantes contre la fatigue, l'insomnie et les spasmes. Au XVIIe siècle, une ordonnance royale prescrivait de planter des tilleuls en bordure des routes et de réserver la récolte des fleurs pour les hôpitaux. C'est ainsi que, fidèles à leur mission hospitalière, les communautés Augustines venues de France cultivent le tilleul à Québec, et ce, dès les débuts de la colonie.

Tilleul à grandes feuilles

Tilia platyphyllos Scop.
Largeleaf Linden

Le tilleul à grandes feuilles est une essence qui couvre naturellement un vaste territoire en Europe, que ce soit dans sa portion boréale, au sud-ouest de la Suède ou au nord-ouest de l'Ukraine ou, plus au sud, dans la partie méridionale des Îles Britanniques, au nord de la Turquie et de la mer Caspienne. À la recherche de l'air pur, son essence croît souvent en montagne, à 1 500 m d'altitude, en compagnie des hêtres et des sapins ou sur les hauts plateaux. Fait extraordinaire pour un feuillu, le tilleul à grandes feuilles a une croissance lente qui se poursuit jusqu'à un âge plus que vénérable, parfois plus de 1 000 ans. Certains spécimens très âgés d'Allemagne, par exemple celui de Upstedt, près de Hanovre, ont une réputation mondiale.

On connaît ce tilleul depuis longtemps en Amérique du Nord où on l'a cultivé pour l'ornementation. Aujourd'hui tombé dans l'oubli, on lui préfère d'autres essences d'autant plus qu'il abhorre la ville. À Québec, on semble l'avoir très rarement cultivé et, actuellement, les tilleuls à grandes feuilles se comptent sur les doigts. C'est Frederick G. Todd, mandaté par la Commission des champs de bataille nationaux, qui en avait planifié la plantation sur l'avenue des Braves, dans son aménagement intégré au Parc des Plaines, réalisé en 1912.

C.M.

Le tilleul à grandes feuilles, bien représenté à Québec par ce spécimen de l'avenue des Braves, est le premier à fleurir au printemps, vers la Saint-Jean-Baptiste, et le dernier à perdre ses feuilles à l'automne.

Régulièrement ramifié, ce tilleul développe une belle cime conique symétrique. Son écorce, d'abord grise et lisse, devient ensuite marquée de longues gerçures séparées par des intervalles unis. Ses rameaux souvent rougeâtres sont légèrement velus, tant lors de leur prime jeunesse qu'à un âge plus avancé. Ses bourgeons ovoïdes et globuleux sont disposés alternativement sur les rameaux auxquels ils n'adhèrent pas. Ils sont également enrobés de trois écailles rouges apparentes, ce qui les distingue des bourgeons du tilleul d'Europe qui n'ont que deux écailles. Ses feuilles, dont la base est en cœur et le pourtour constitué de dents aiguës, sont couvertes d'une pubescence là aussi persistante. Lorsque la température est trop chaude, elles se recroquevillent et prennent l'allure d'un petit capuchon. L'automne venu, son espèce, la plus valeureuse de tous les tilleuls, est celle qui conserve son feuillage vert le plus longtemps.

Précoce, le tilleul à grandes feuilles est le premier de son genre botanique à fleurir. À Québec, on peut assister à sa floraison et humer ses fleurs au parfum prononcé sur l'avenue des Braves, au moment de la Saint-Jean-Baptiste. Ses fleurs, le plus souvent, sont suspendues à leur bractée vert blanchâtre à raison de trois fleurs par inflorescence, rarement quatre, cinq ou six. Ce tilleul est de ceux dont les inflorescences et l'aubier sont utilisés dans la pharmacopée occidentale, l'homéopathie, la phytothérapie et la fabrication de teintures-mères. On cueille ses fleurs au moment de leur plein épanouissement, on les fait sécher à l'ombre et on les infuse. Le thé est servi ! Enfin, ses fruits pyriformes sont des capsules velues très dures, dont la paroi épaisse est embossée par cinq côtelettes très saillantes qui s'ouvrent par une petite trappe pour libérer deux graines rougeâtres.

Tilleul à petites feuilles

Tilia cordata P. Mill.
Littleleaf Linden

C.M.

Les miels aromatiques à saveur douce extraits des fleurs du tilleul à grandes feuilles et du tilleul d'Amérique, sont tout particulièrement réputés.

À l'état naturel, le tilleul à petites feuilles jouit d'une très vaste distribution, sur presque toute l'Europe en fait, y compris l'Angleterre, le sud des pays scandinaves dont la Finlande, ainsi que la Russie où il abonde et atteint pratiquement l'Oural. L'espèce est cependant absente du pourtour de la Méditerranée. Hormis la côte méditéranéenne, le tilleul à petites feuilles se trouve absolument partout en France ! Contrairement au tilleul à grandes feuilles qui est une essence montagnarde, il prolifère dans les régions de plaines et de collines où, à l'état spontané, il compose des forêts ou des taillis générés à partir de ses vigoureux rejets de souche. Il est aussi omniprésent dans les parcs et les jardins. Son espérance de vie est considérable : il peut vivre de 500 à 800 ans !

On reconnaît le tilleul à petites feuilles à son port symétrique et à sa cime conique arrondie au sommet. Densément ramifié, notre arbre conservera naturellement sa forme toute sa vie. De même persistera chez lui la couleur rougeâtre de l'écorce luisante de son jeune fût, car elle se transposera avec les ans à l'écorce des branches les plus élevées. Tandis que l'épiderme de son tronc deviendra brun grisâtre et se crevassera avec l'âge, les gourmands qui y sont suspendus le maquilleront de leur feuillage vert pomme au printemps. Ses petites feuilles coriaces en cœur d'à peine 5 à 7 cm de long, souvent plus larges que longues, se terminent brusquement en pointe : ce sont les plus mignonnes d'entre toutes les feuilles de tilleul. De couleur vert foncé et plutôt satinées en surface, leur revers sont glauques, bleutés, et exhibent de petites touffes de poils courts, épais et roussâtres à l'aisselle de leurs nervures latérales. Curieusement, leurs nervures tertiaires s'effacent subtilement au fur et à mesure qu'elles se rapprochent de la marge des feuilles, qui vireront au jaune clair l'automne venu.

C'est le tilleul à petites feuilles qui a, de tous les tilleuls, la floraison la plus tardive. Sur ses rameaux s'épanouissent une multitude de bouquets, contenant chacun cinq à sept petites fleurs jaune blanchâtre, odoriférantes, qui se dressent quelque peu depuis la bractée à laquelle elles sont soudées. Immanquablement, les abeilles, les guêpes et autres butineurs sont de la fête; ils entourent notre bon vieux tilleul fleuri d'une vibrante activité. Cette frénésie contraste avec les propriétés apaisantes des mêmes fleurs lorsqu'elles sont séchées et infusées.

Tilleul d'Amérique

Tilia americana L.
American ou Basswood Linden

Le tilleul d'Amérique est le seul de tous les tilleuls qui soit indigène au Canada. On le trouve aux abords du fleuve Saint-Laurent et au sud de la province. Présumant de sa valeur, on a bien vite introduit son espèce en France, en 1752, en même temps que l'orme d'Amérique. Elle s'y est naturalisée sans toutefois prendre de l'expansion.

Le tilleul d'Amérique ne forme jamais de peuplement pur en milieu naturel et pousse plutôt en compagnie d'autres feuillus. En compagnie de son vieil allié, l'érable à sucre, il dominait notre forêt à l'arrivée des Européens. Tolérant leurs mutuels ombrages, ils formaient ensemble le fabuleux écosystème de l'érablière à tilleul,

C.M.

Les rameaux du tilleul d'Amérique s'habillent de grandes feuilles en forme de cœur, qui prendront des reflets argentés juste avant l'orage, car elles présentent alors au ciel leur revers étrangement brillants.

C.M.

On peut admirer au coin de l'avenue De Bougainville la silhouette exceptionnelle du tilleul d'Amérique! Son fût très droit pénètre bien haut dans sa cime. Les branches dressées, puis retombantes, puis retroussées à l'extrémité, est caractéristique du port pittoresque de cette espèce.

C.M.

Une belle relation s'est installée entre les insectes pollinisateurs et le tilleul d'Amérique. Certains butinent exclusivement son type de fleurs, très apprécié en parfumerie, qui embaume l'air à des kilomètres à la ronde.

C.M.

Lorsque le tilleul d'Amérique a la chance de se déployer dans les meilleures conditions, comme ici au Centre hospitalier Robert-Giffard, à Québec, il a un port élancé et une cime garnie d'une remarquable beauté.

la plus riche des forêts du type érablière de la région, tant au plan des éléments nutritifs de son sol que de sa grande diversité biologique. Sur le promontoire de Québec, cette forêt regorgeait d'espèces typiques, souvent des éphémères du printemps qui fleurissaient sous l'éclairage tamisé, filtrant parmi les arbres matures non encore feuillés. Sur des sols moins bien drainés, le tilleul s'associait plutôt à l'orme et au frêne d'Amérique, deux autres essences gourmandes. Déjà qu'aujourd'hui, le tilleul d'Amérique ne cesse de se raréfier à l'état naturel, à plus forte raison dans la ville de Québec, alors que les vestiges de l'érablière d'origine sont fort peu nombreux ! Il ne reste plus qu'à visiter les sujets représentatifs d'une époque où l'essence était cultivée dans les grands parcs vieux de 150 ans, par exemple au cimetière Saint-Charles. C'est le lieu idéal pour que des arbres remarquables expriment leur plein potentiel !

Le tilleul d'Amérique est un noble feuillu offrant une silhouette exceptionnelle ! Lorsqu'il est seul, son fût très droit pénètre bien haut dans sa cime. Sa base est souvent entourée de rejets qui portent des feuilles de fortes dimensions. Ces tiges deviennent avec les ans des bouquets de troncs qui se ramifient en branches dressées, puis retombantes, puis retroussées à l'extrémité, d'où le port pittoresque de cette espèce. Ses rameaux s'habillent de grandes feuilles en forme de cœur, de couleur vert tendre au moment de l'éclosion. Plus tard, au cours de l'été, les feuilles deviendront étrangement brillantes à leur revers et, juste avant l'orage, elles se retourneront et étincèleront face aux nuages qui s'amoncellent ! Les Amérindiens vouaient un culte à cette essence et sculptaient des masques rituels à même le bois de sève des tilleuls vivants. Ils les détachaient ensuite de l'arbre-mère et, si ce dernier survivait, les masques devenaient réputés posséder des propriétés surnaturelles.

Vers le 24 juin, sur l'avenue des Braves, non loin du monument du même nom, on peut observer la floraison d'un tilleul d'Amérique fuselé qui succède de près à celle de son voisin, un tilleul à grandes feuilles au port plus globulaire. S'il était planté en milieu naturel, nombreuses seraient les abeilles et autres butineurs qui, à l'unisson, essaimeraient vers ses milliers de cymes, contenant chacune 5 à 10 fleurs mellifères. Une belle relation s'est installée entre les insectes pollinisateurs et le tilleul d'Amérique. Certains butinent exclusivement son type de fleurs, très apprécié en parfumerie, qui embaume l'air à des kilomètres à la ronde. Heureux de les voir ainsi féconder ses fleurs, le tilleul d'Amérique les abrite de son feuillage, distribué sur deux rangs à l'horizontale, afin qu'elles puissent travailler, beau temps mauvais temps, pendant les 20 jours que durera sa floraison. Le tilleul restera reconnaissant même au-delà de la mort : son bois insipide et inodore deviendra le matériau idéal pour la fabrication des ruches des générations suivantes de travailleuses abeilles!

Tilleul d'Europe

Tilia x europaea ou
Tilia x vulgaris L.
European Basswood,
European Linden

Le tilleul d'Europe n'est pas une espèce proprement dite, mais plutôt le résultat d'une hybridation spontanée entre le tilleul à petites feuilles (*Tilia cordata*) et le tilleul à grandes feuilles (*Tilia platyphyllos*). Il existe depuis toujours en Europe, où se chevauchent les distributions naturelles de ses deux espèces parentes. C'est au XVIIe siècle qu'on l'a observé pour la première fois et introduit en culture. Grâce au phénomène de vigueur hybride, ce « rejeton » atteint manifestement une taille

C.M.

Dès 1724, en Amérique du Nord, on a commencé à cultiver le tilleul d'Europe. Son usage, à Québec, imite celui qu'on en a fait dans les vieux pays, si bien qu'on en trouve de très beaux spécimens sur les anciens grands domaines appartenant à des notables. Dans la capitale, l'un des deux sujets centenaires les plus magnifiques est celui ci-contre, situé auprès de l'ancienne résidence d'un important personnage de l'histoire de Saint-Grégoire-de-Montmorency, le médecin Joseph-Émile Dupont.

Tilleul

plus grande que l'un et l'autre de ses deux parents. En fait, il semble plutôt se rapprocher du tilleul à grandes feuilles, morphologiquement parlant, mais ses feuilles et ses rameaux ne sont pas velus ; ses fleurs sont également plus nombreuses, car les cymes en contiennent de 7 à 11, attachées ensemble à leurs bractées caractéristiques. Enfin, les capsules qui en découlent, souvent stériles, parfois fertiles, sont ornées de côtelettes aussi moins accentuées que chez le tilleul à grandes feuilles.

Toutefois, le tilleul d'Europe n'a peut-être pas tout à fait la même pureté et se comporte différemment de ses géniteurs. À partir de bourgeons épicormiques, une profusion de pousses feuillées se développent sur le tronc, à la base d'abord, puis, en hauteur, apparaissent des loupes à l'apparence broussailleuse, couvertes de brindilles. Ils appartiennent probablement eux-mêmes à des clones depuis longtemps reproduits à partir de pousses récoltées au pied du tronc d'un défunt plant-mère. Il y a 400 ans, à l'époque où le tilleul d'Europe était fréquemment utilisé pour confectionner des allées conduisant à de somptueuses résidences ou bordant certaines avenues, il n'y avait pas de technologie capable de créer des descendants identiques à partir d'un

On rencontre ce remarquable tilleul d'Europe au Bois-de-Coulonge, où l'on trouve aussi les plus beaux spécimens de Québec. ▾

S.H.

matériel génétique uniforme. Aussi les tilleuls issus de races variées, et depuis longtemps cultivés à l'intérieur d'un même alignement, ont-ils bien souvent des dimensions et des silhouettes fort diverses. Comme quoi ces allées ne sont pas toujours des chefs-d'œuvre de l'art paysager !

Il n'en demeure pas moins que le tilleul d'Europe est toujours et encore le favori du forestier urbain. Cela tient à sa transplantation facile et à sa résistance aux pires affres dont puisse l'affliger l'humain, par exemple les fameuses tailles du type « griffes de chat ».

Tilleul de Crimée

Tilia x euchlora K. Koch.
Crimean Linden

C.M.

Séduites par les fleurs crémeuses aux accents de jaune du tilleul de Crimée, les abeilles ont tendance à abuser de leur nectar, s'intoxiquent et tombent carrément dans les pommes ! Certaines en mourront, mais la plupart survivront à l'épreuve.

Le tilleul de Crimée, d'origine nébuleuse, est un hybride de petite taille résultant d'un croisement spontané en milieu naturel. Ses parents seraient le tilleul à petites feuilles (*Tilia cordata*) et le tilleul du Caucase (*Tilia dasystyla*). C'est sous ce dernier nom latin qu'il a été commercialisé dès 1866 par la pépinière allemande Booth's Flottbeck, près de Hambourg, qui en avait fait la découverte.

Le tilleul de Crimée existe depuis longtemps en Amérique du Nord, mais ce n'est que depuis les années 1980 que l'on a commencé à apprécier sa culture.

Du haut de ses 15 m, ce tilleul très ramifié au port dense dégage un certain charme. Chez les vieux sujets, les branches inférieures retombent vers le sol et semblent pleurer. Ses feuilles luisantes de couleur vert foncé, accrochées à des rameaux vert pomme, virent au jaune clair tard à l'automne et lui méritent l'affection des horticulteurs. Peu après, les petites fleurs jaunes, au nombre de 3 à 8 par cyme, se transformeront en fruits pointus ressemblant à de minuscules ballons de football de velours côtelé fait de poils bruns.

Chez le tilleul de Crimée, les spécimens sont bien souvent greffés sur le tilleul d'Europe. Le porte-greffe, porté à développer de nombreuses pousses à ses pieds, contribue à structurer la morphologie qu'adoptera l'hybride rendu à un certain âge. Coquet, son tronc aux flancs renflés là où la greffe a été réalisée s'entoure de plusieurs tiges garnies de feuilles démesurées, comme pour masquer ses « poignées d'amour », autrement dit ses bourrelets cicatriciels !

Chapitre 4

Randonnées

Bois-de-Coulonge et arrondissement historique de Sillery
Parc Saint-Charles-Garnier
Avenue James-LeMoine
Av. des Grands-Pins
Av. William
Rue Sheppard
Av. Sarah
Av. Maguire
Av. Charlotte
Rue de Bergerville
Av. Oak
Av. William
Chemin Saint-Louis
Av. du Maire-Beaulieu
Parc Bergerville
Av. de l'Assomption
Chemin Saint-Louis
Côte de l'Église
Cimetière Mount-Hermon
Rue Louis-A-Bélisle
Boul. Champlain
Parc Saint-Michel
Parc des Voiliers
Rue du Cardinal-Persico
Côte de Sillery
9
11
11
11
11
11
12
12
12
14
14
15
15
15
16
16
16
16
17
18
19
20
21
22
22
22
23
24
25
26

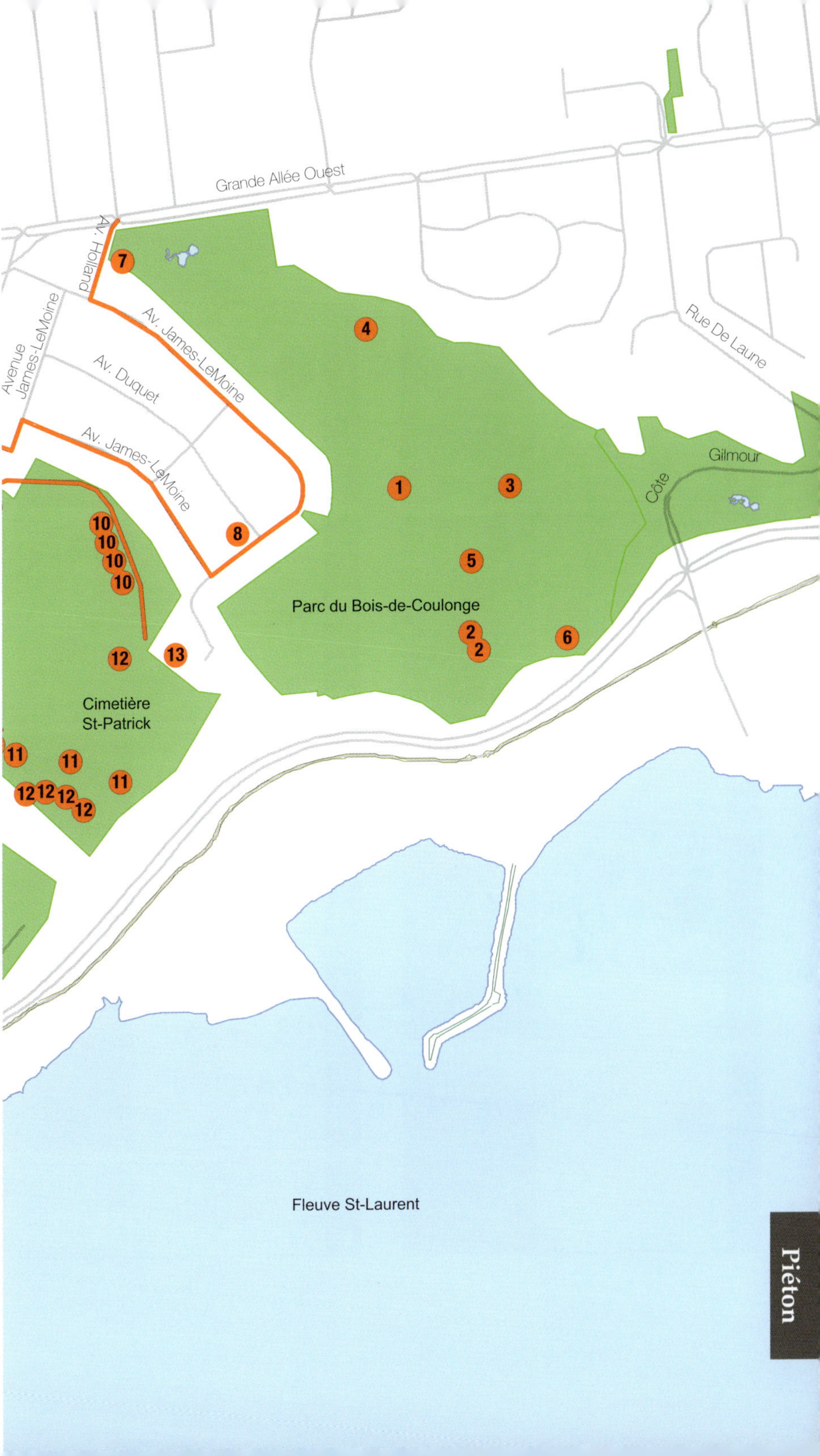

Grande Allée Ouest
Av. Holland
Avenue James-LeMoine
Av. James-LeMoine
Av. Duquet
Av. James-LeMoine
Rue De Laune
Côte Gilmour
Parc du Bois-de-Coulonge
Cimetière St-Patrick
Fleuve St-Laurent
1
2
2
3
4
5
6
7
8
10
10
10
10
11
11
11
12
12
12
12
12
13

Douglas bleu
Bois-de-Coulonge

C.M.

1

Mélèze de Dunkeld
Bois-de-Coulonge
Cinq spécimens

S.H.

2

Orme de Camperdown
Bois-de-Coulonge

C.M.

3

Paulownia tomenteux
Bois-de-Coulonge

4

Tilleul d'Europe
Bois-de-Coulonge

C.M.

5

Tilleul d'Europe
Bois-de-Coulonge

S.H.

5

Tilleul à petites feuilles
Bois-de-Coulonge

6

Poirier commun
Via petit bout de l'avenue Holland
Villa Bagatelle

7

Tilleul d'Amérique
Avenue James-Lemoine

S.H.

8

Chêne à gros fruits
Cimetière St-Patrick

9

Pin blanc
Rangée de quatre arbres

10

Chêne rouge
Cimetière St-Patrick
Six spécimens

C.M.

11

Érable à sucre
Cimetière St-Patrick
Quatre spécimens

S.H.

12

Frêne blanc
Cimetière St-Patrick

13

Chêne rouge
Montmartre Canadien
14

Peuplier noir d'Italie
Montmartre Canadien
14

C.M.

Chêne rouge
Cimetière Mount-Hermon
Plusieurs spécimens
15

C.M.

Érable à sucre
Cimetière Mount-Hermon
Plusieurs spécimens
16

C.M.

Févier épineux
Cimetière Mount-Hermon
17

C.M.

Hêtre à grandes feuilles
Cimetière Mount-Hermon
18

C.M.

Orme d'Amérique
Cimetière Mount-Hermon
19

C.M.

Ostryer de Virginie
Cimetière Mount-Hermon
20

Tremble européen
Cimetière Mount-Hermon
21

C.M.

Pin blanc
Cimetière Mount-Hermon
Plusieurs spécimens
22

C.M.

Orme de montagne
Église Saint-Michel
23

Érable de Tartarie
Avenue William
24

Noyer cendré
Coin des Grands Pins / chemin Saint-Louis
25

Épinette du Colorado
Avenue des Grands Pins
26

Préhistoire et patrimoine paysager

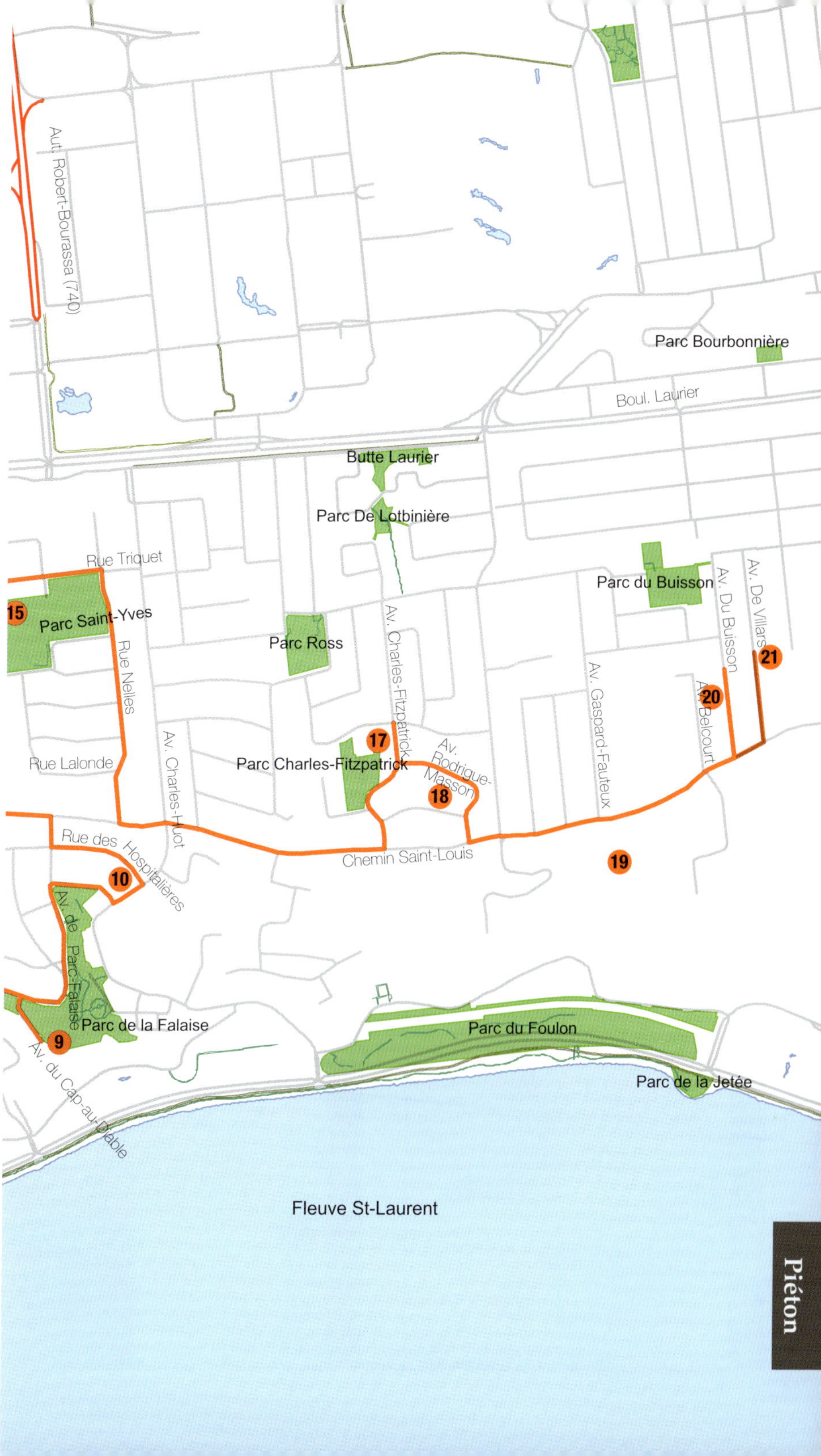

Aut. Robert-Bourassa (740)
Parc Bourbonnière
Boul. Laurier
Butte Laurier
Parc De Lotbinière
Rue Triquet
Parc Saint-Yves
15
Rue Nelles
Parc Ross
Av. Charles-Fitzpatrick
Parc du Buisson
Av. Du Buisson
Av. De Villars
21
20
Av. Belcourt
Av. Gaspard-Fauteux
17
Av. Rodrigue-Masson
18
Parc Charles-Fitzpatrick
Rue Lalonde
Av. Charles-Huot
Rue des Hospitalières
10
Chemin Saint-Louis
19
Av. de Parc-Falaise
Parc de la Falaise
9
Av. du Cap-au-Diable
Parc du Foulon
Parc de la Jetée
Fleuve St-Laurent

Piéton

1 **Départ**
Route de l'Église
Épingle à cheveu avec la rue Carswell

2 **Ginkgo bilobé**
Rue des Grondines

C.M.

3 **Sapin argenté**
Rue de Montréal, coin Dolan

C.M.

4 **Sorbier de Suède**
Rue William-Stuart

5 **Aubépine ponctuée**
Coin de Louisbourg / Joseph-Thiffault

6 **Aubépine ponctuée**
Rue De Bridgewater

6 **Orme blanc pleureur**
Rue De Bridgewater

7 **Catalpa esp.**
Coin des Rocs / Carrière Vézina

8 **Chêne rouge**
Boisé de Téquenonday

8 **Frêne blanc**
Boisé de Téquenonday

8 **Pin blanc**
Boisé de Téquenonday

S.H.

8 **Pin blanc**
Boisé de Téquenonday

S.H.

8 **Pin blanc**
Boisé de Téquenonday

S.H.

9 **Boisé du Cap-au-Diable**
Avenue du Cap-au-Diable

10 **Lilas du Japon**
Rue des Hospitalières / Côte à Gignac

11 **Érable à sucre**
Maison Hamel-Bruneau

12 **Pruche du Canada pleureuse**
Rue Morgan

12 **Aubépine ponctuée**
Rue Morgan

C.M.

Aubépine ponctuée
Rue Julien-Green
Deux spécimens
13

C.M.

Épinette du Colorado
Rue Bishop
14

C.M.

Pruche du Canada pleureuse
Rue Bishop
14

Cerisier de Pennsylvanie
Parc Saint-Yves
15

Aubépine ponctuée
Parc Saint-Yves
16

Épinette de Norvège
Avenue Charles-Fitzpatrick
17

C.M.

Épinette de Serbie
Avenue Charles-Fitzpatrick
17

Marronnier d'Inde
Avenue Rogrigue-Masson
Deux spécimens
18

S.H.

Orme d'Amérique
Via Chemin Saint-Louis
Domaine Cataraqui
19

C.M.

Pin rouge
Via Chemin Saint-Louis
Domaine Cataraqui
19

C.M.

Chêne rouge
Via Chemin Saint-Louis
Domaine Cataraqui
19

S.H.

Chêne rouge
Via Chemin Saint-Louis
Domaine Cataraqui
19

S.H.

Chêne rouge
Avenue Du Buisson
20

Faux-Cyprès de Sawara
Avenue De Villars
21

Faubourg Saint-Jean et Vieux-Québec

Fortifications de Québec
Parc de l'Artillerie
Parc de l'Artillerie
Rue Saint- Jean
Fortifications de Québec
Quai St-André
Parc Couillard
Rue Sainte-Ursule
Parc Hôtel-de-ville
Rue Sainte-Anne
Rue Port-Dauphin
13
Fortifications de Québec
8
Parc Cathédrale anglicane Ste-Trinité
12
Parc de l'Esplanade
9
8
8
Rue des Jardins
Rue du Fort
Parc Montmorency
Côte de la Montagne
11
Parc Esplanade du Parlement
Rue Saint-Louis
10
Rue Haldimand
Château Frontenac
Parc du Cavalier-Du-Moulin
7
Av. Ste-Geneviève
Parc Félix-Leclerc
Parc des Gouverneurs
Rue du Petit-Champlain
Rue de la Porte
Parc du Bastion de la Reine
Fleuve St-Laurent
Boul. Champlain

1
Mélèze de Dahurie
Avenue Louis Saint-Laurent

1
Épinette de Koster
Avenue Louis Saint-Laurent

2
Érable de Norvège 'Schwedleri'
Avenue Louis Saint-Laurent

3
Érable de l'Amour
Grand Théâtre de Québec Parc de l'Amérique-française
Deux spécimens

C.M.

3
Ginkgo bilobé
Grand Théâtre de Québec Parc de l'Amérique-française
Deux spécimens

C.M.

4
Noisetier de Turquie
Coin Saint-Amable et de Senezergues

5
Tilleul d'Amérique
Parc de la Coopérative d'habitation Bon-Pasteur

6
Orme d'Amérique
Cimetière St-Matthews
Six spécimens

7
Orme d'Amérique
Parc Cavalier du Moulin
Trois spécimens

7
Catalpa esp.
Parc Cavalier-du-Moulin

C.M.

7
Chêne à gros fruits
Parc Cavalier-du-Moulin
Trois spécimens

C.M.

7
Érable de Norvège
Parc Cavalier-du-Moulin
Deux spécimens

7
Peuplier deltoïde
Parc Cavalier-du-Moulin

S.H.

Chêne à gros fruits
Cathédrale Holy Trinity
Trois spécimens

8

Tilleul d'Amérique
Cathédrale Holy Trinity

9

C.M.

Marronnier à fleurs jaunes
Petit parc du Premier cimetière de Québec
Quatre spécimens

10

C.M.

Marronnier à fleurs jaunes
Petit parc du Premier cimetière de Québec
Quatre spécimens

10

C.M.

Érable de Norvège
Parc Montmorency

11

C.M.

Micocoulier occidental
Parc Montmorency
Deux spécimens

12

S.H.

Marronnier d'Inde
Cour du Séminaire de Québec

13

Plaines d'Abraham, Grande-Allée et quartier Montcalm

Parc Richelieu
Parc Saint-Matthews
Parc Scott
Parc Berthelot
Parc de l'Amérique-Française
Parc de l'Esplanade
Parc de la Francophonie
Av. De Salaberry
Grande Allée Est
Cours du Général-De Montcalm
Av. Taché
Av. Wilfrid-Laurier
Av. Galipeault
Rue De Bernières
Av. George-VI
Parc des Champs-de-Bataille
Av. Gameau E.
Av. Ontario
Av. du Cap-aux-Diamants
Av. du Cap-aux-Diamants
Rue Champlain
Parc Notre-Dame-de-la-Garde
Fleuve St-Laurent
1
2
3
4
4
5
6
23
25
26
27
28
28
28

1
Marronnier de l'Ohio
Avenue George-VI
Deux spécimens

S.H.

2
Frêne commun
Avenue George-VI

3
Saule fragile hybride
Avenue du Cap-Diamant

C.M.

4
Orme de montagne
Avenue Ontario

5
Aubépine ponctuée
Avenue Ontario

6
Aubépine duveteuse
Avenue Ontario

C.M.

7
Érable argenté
Avenue Ontario

C.M.

8
Orme de montagne
Champ de parade : face au Musée national des beaux-arts du Québec

S.H.

9
Aubépine ponctuée
Avenue George-VI

C.M.

10
Tilleul d'Amérique
Coup d'œil sur l'Avenue De Bougainville

11
Tilleul d'Amérique
Coup d'œil sur l'Avenue De Bougainville

C.M.

12
Érable argenté
Coup d'œil sur l'Avenue De Bougainville

13
Érable argenté
Coup d'œil sur l'Avenue De Bougainville

14
Bouleau à papier
Avenue du Parc

C.M.

C.M.

Érable argenté
Avenue du Parc

15

S.H.

Orme d'Amérique
Monastère des Dominicains

16

Sorbier d'Amérique
Spécimen « squatteur »
Monastère des Dominicains

16

Orme de montagne
Monastère des Dominicains

17

Orme de montagne
Stationnement de l'ancienne prison

18

Orme de montagne
Terrasse Murphy

19

Orme de montagne
Adresses intermédiaires Grande-Allée

20

Orme de montagne
Adresses intermédiaires Grande-Allée

21

Orme de montagne
Adresses intermédiaires Grande-Allée

22

Chêne rouge
Adresses intermédiaires Grande-Allée

23

C.M.

Orme de montagne
Serres de la CCBN

24

C.M.

Érable argenté à feuillage lacinié
Édifice principal de la CCBN

25

Orme d'Amérique
Jardin Jeanne-D'Arc

26

C.M.

Tilleul à grandes feuilles
Maison Simonne Hudon : Avenue Wilfrid-Laurier

27

Orme d'Amérique
Grande-Allée : portion est
Terrasse-Clapham : près de la rue d'Artigny

28

Saint-Sacrement, Parc des Braves et quartier Montcalm

Parc des Braves
Parc
Lucien-Borne
Av. de l'Alverne
Chemin Sainte-Foy
Av. De Bienville
Rue Père-Marquette
Av. des Érables
Boul. René-Lévesque Ouest
Av. des Braves
Av. Moncton
Av. Murray
Av. des Laurentides
Rue Learmonth
Grande Allée Ouest
Parc du Musée
Parc des Champs-de-Bataille
Boul. Champlain
Fleuve St-Laurent
15
16
17
18
19
20
21
22
23
24
25
26
27
28

1 **Noyer cendré**
Parc Samuel-Holland

2 **Peuplier deltoïde**
Sœurs du Bon-Pasteur (Ancienne Hôpital de la Miséricorde)

3 **Catalpa**
Coin avenue des Jésuites et Chemin Sainte-Foy

4 **Orme d'Amérique**
Avenue Louis-Fréchette (entre de Callières et René-Lévesque)
Trois spécimens

5 **Marronnier d'Inde**
Avenue des Maires-Gauthier

5 **Tilleul d'Amérique**
Avenue des Maires-Gauthier

6 **Pommetier de Sibérie**
Avenue de Ploërmel

C.M.

7 **Aubépine ponctuée**
Rue Thornhill

7 **Érable de Norvège**
Rue Thornhill

8 **Orme d'Amérique**
Industrielle Alliance

9 **Chêne rouge**
Propriété voisine (à l'ouest) de l'ancienne résidence du lieutenant-gouverneur du Québec

10 **Robinier faux-acacia**
Propriété de l'ancienne résidence du lieutenant-gouverneur du Québec

11 **Chêne rouge**
Avenue de Laune

11 **Chêne rouge**
Avenue de Laune

S.H.

12 **Noyer cendré**
Avenue du Cardinal-Bégin

C.M.

12 **Orme d'Amérique**
Avenue du Cardinal-Bégin

13 **Orme d'Amérique**
Avenue du Cardinal-Bégin

14 **Tilleul de Crimée**
Raymond Casgrain / Cardinal-Rouleau

15 **Peuplier deltoïde**
Avenue des Braves

16 **Katsura**
Ruelle avenue des Braves

17 **Noyer noir**
Ruelle avenue des Braves

Noyer cendré
Ruelle avenue des Braves
17

C.M.

Tilleul à grandes feuilles
Avenue des Braves
18

C.M.

Tilleul d'Amérique
Avenue des Braves
18

Érable de Norvège
Parc des Braves
19

Orme d'Amérique
Parc des Braves
19

C.M.

Peuplier deltoïde
Parc des Braves
Deux spécimens
19

C.M.

Peuplier deltoïde
Avenue De Bienville
Deux spécimens
20

Noisetier de Turquie
Avenue Murray
Quatre spécimens
21

Lilas du Japon
Coin des Laurentides et René-Lévesque
22

C.M.

Chêne rouge
Coin Grande-Allée (entre Des Braves et Des Laurentides)
23

Érable argenté
Moncton non loin du coin de la Grande-Allée
24

C.M.

Ginkgo bilobé
Moncton (Ginkgos se trouvant entre Fraser et le Chemin Sainte-Foy)
Dix spécimens
25

Phellodendron de l'Amour
Moncton : aux environs de Père-Marquette
Neuf spécimens
26

C.M.

Érable à sucre
Coin Brown et Chemin Sainte-Foy : Maison ancestrale (100 ans)
27

Orme d'Amérique
Coin Chemin Sainte-Foy (à l'ouest des Érables)
28

Limoilou et Maizerets

Avenue De La Ronde
Parc Bardy
Av. Bardy
43
Av. D'Estimauville
44
44
44
Chemin Royal
33
30
28
23e Rue
Rue Baldwin
31
29
32
27
Rue Lafontaine
Rue Desroches
26
Boul. Henri-Bourassa
Avenue Bardy
Ch. de la Canardière
Boul. Sainte-Anne
Rue De Grandville
25
Rue De Fondville
24
23
18e Rue
22
Avenue Mailloux
Parc du Mont-Thabor
18e Rue
21
Av. Champfleury
17
Boulevard Montmorency
42
Avenue D'Estimauville
18
Avenue De Vitré
Parc de l'Arborétum
38
19
20
41
40
37
35
39
36
Rue de la Trinité
34
Domaine Maizerets
Avenue De Villebon
Aut. Dufferin-Montmorency (440)

Piéton

1 **Départ**
Parc Sylvain-Lelièvre (coin de la Canardière / 3e Avenue)

2 **Érable argenté**
Coin 6e Rue / 8e Avenue

3 **Marronnier d'Inde**
Coin 6e Rue / 8e Avenue

4 **Peuplier deltoïde**
Environs de la succursale de la Bibliothèque Gabrielle-Roy (coin 4e Avenue / 5e Rue)

5 **Frêne blanc**
Environs de la 3e et de la 4e Rue

C.M.

6 **Érable de l'Amour**
4e Avenue

7 **Peuplier deltoïde**
Cartonnerie de la rue de La Sarre

C.M.

8 **Érable argenté**
Rue Royal-Roussillon

9 **Catalpa**
Coin 18e Rue / 1ère Avenue

C.M.

10 **Érable argenté**
Coin 18e Rue / 1ère Avenue

11 **Orme d'Amérique**
Avenue Jeanne-Mance

C.M.

12 **Érable argenté à feuillage lacinié**
Rue Berthiaume

C.M.

13 **Érable argenté**
Rue St-Adélard

14 **Aubépine Toba**
Paroisse Saint-Paul-Apôtre

15 **Douglas vert**
Coin 4e Avenue / 20e Rue

C.M.

16 **Saule fragile hybride**
Avenue du Mont-Thabor / coin 18e Rue

17 **Érable à Giguère**
Avenue De Vitré

C.M.

Orme de Camperdown
Avenue De Vitré (derrière la Teinturerie française)

18

C.M.

Ginkgo bilobé
Avenue De Villebon / Coin rue de la Trinité

19

C.M.

Tilleul à petites feuilles
Rue de la Trinité

20

C.M.

Frêne rouge
Maison à minaret

21

Micocoulier occidental
Succursale de la Bibliothèque Gabrielle-Roy

22

C.M.

Bouleau esp.
Terrain de la Fabrique Saint-Pascal

23

C.M.

Hêtre pourpre
Terrain de la Fabrique Saint-Pascal

24

C.M.

Tilleul esp.
Communauté religieuse rue De la Ronde

25

C.M.

Érable argenté
Rue De la Ronde

26

C.M.

Érable argenté
Rue Baldwin

27

C.M.

Érable de Norvège
Rue Baldwin

28

Érable argenté
Rue Baldwin

29

Chêne anglais
Rue Champfleury

30

31 **Douglas vert**
Rue Champfleury

31 **Sapin argenté**
Rue Champfleury

32 **Érable argenté**
Rue Champfleury

33 **Frêne commun**
Rue Champfleury

34 **Peuplier deltoïde**
Domaine Maizerets
Deux spécimens

35 **Épinette de Serbie**
Arboretum du Domaine Maizerets

C.M.

36 **Épinette blanche cv pendula**
Arboretum du Domaine Maizerets

S.H.

37 **Mélèze d'Europe**
Arboretum du Domaine Maizerets
Plusieurs spécimens

C.M.

Orme de Camperdown
Arboretum du Domaine Maizerets
38

S.H.

Pin à cônes aristés
Arboretum du Domaine Maizerets
39

C.M.

Pin cembro
Arboretum du Domaine Maizerets
40

C.M.

Sapin de Corée 'Horstmann's Silberlocke'
Arboretum du Domaine Maizerets
41

Peuplier baumier
Arboretum du Domaine Maizerets
Stationnement
42

Marronnier de l'Ohio
Ancien grand domaine
43

Tilleul à grandes feuilles
Centre hospitalier Robert-Giffard
44

Tilleul d'Amérique
Centre hospitalier Robert-Giffard
Deux spécimens
44

Piéton

Parc des Moulins et Orsainville

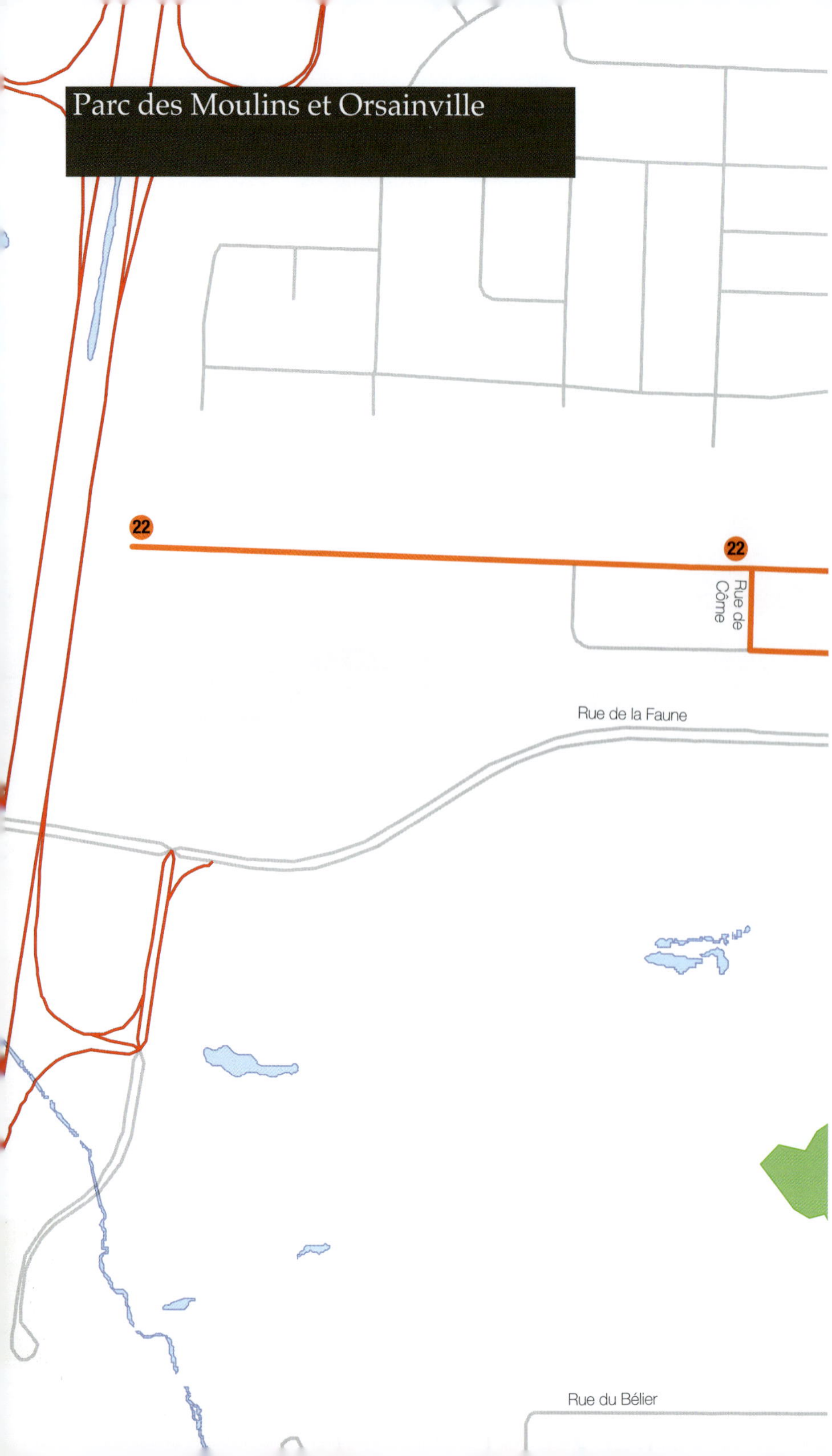

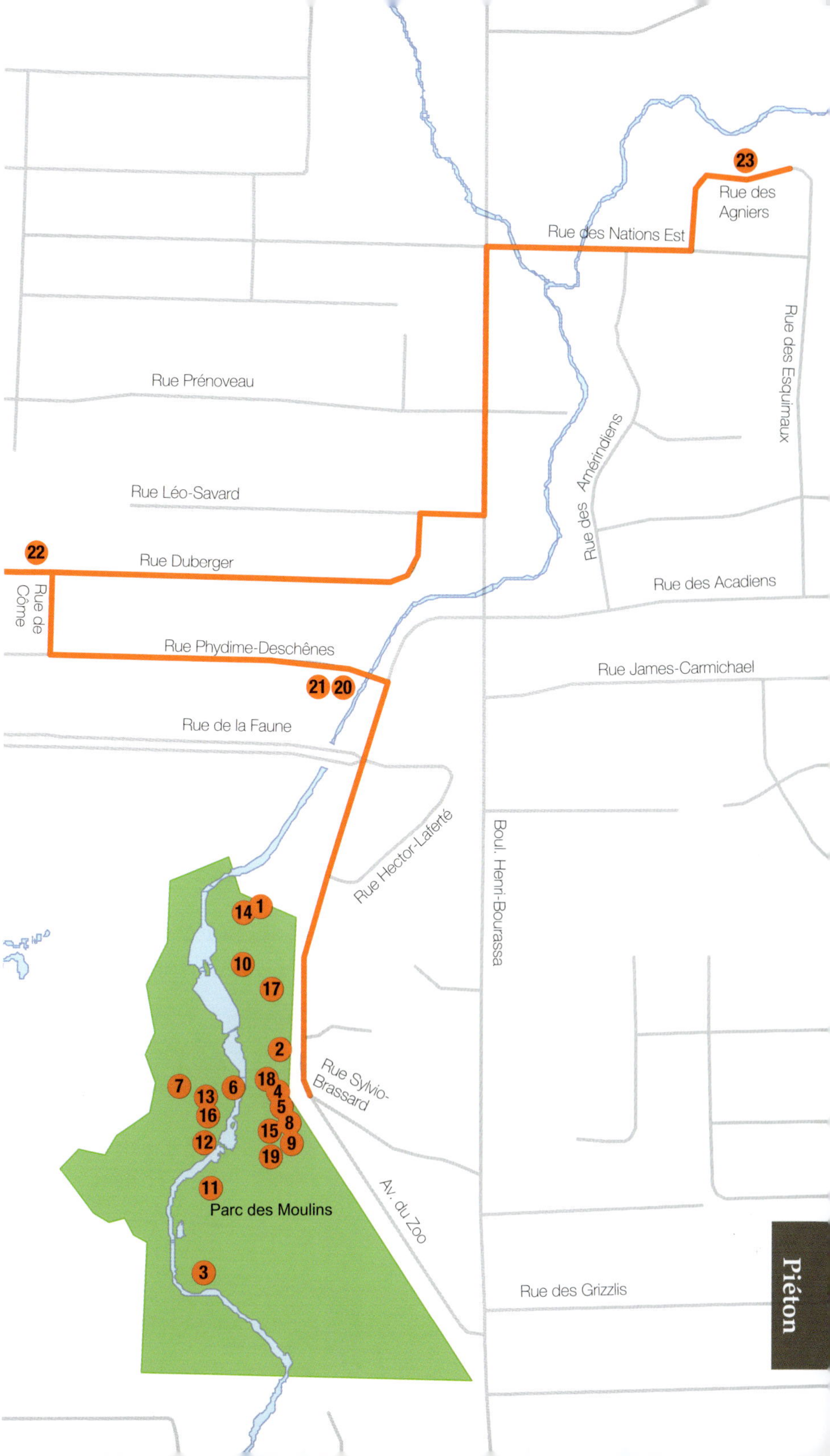
23
Rue des Agniers
Rue des Nations Est
Rue des Esquimaux
Rue Prénoveau
Rue des Amérindiens
Rue Léo-Savard
22
Rue Duberger
Rue de Côme
Rue des Acadiens
Rue Phydime-Deschênes
Rue James-Carmichael
21
20
Rue de la Faune
Rue Hector-Laferté
Boul. Henri-Bourassa
14
1
10
17
2
Rue Sylvio-Brassard
7
13
6
18
4
5
16
8
15
9
12
19
11
Parc des Moulins
Av. du Zoo
3
Rue des Grizzlis

1
Chêne à gros fruits
Parc des Moulins

2
Chêne rouge
Parc des Moulins

C.M.

3
Épinette de Norvège
Parc des Moulins

C.M.

4
Épinette de Norvège cv
Spécimen « hérisson »
Parc des Moulins

C.M.

5
Épinette de Norvège cv
Spécimen « hérisson »
Parc des Moulins

6
Épinette blanche
Parc des Moulins

C.M.

7
Épinette blanche
Parc des Moulins

8
Frêne blanc
Parc des Moulins

C.M.

9
Lilas du Japon
Parc des Moulins

C.M.

10
Mélèze de Dunkeld
Parc des Moulins

C.M.

11
Mélèze de Dunkeld
Parc des Moulins

C.M.

12
Noyer cendré
Parc des Moulins

C.M.

13
Pin blanc
Parc des Moulins

C.M.

C.M.

Pin cembro
Parc des Moulins

14

C.M.

Pin mugho
Parc des Moulins

15

C.M.

Pin rouge
Parc des Moulins

16

C.M.

Pruche du Canada
Parc des Moulins

17

C.M.

Thuya occidental cv
Parc des Moulins

18

Tulipier de Virginie
Parc des Moulins

19

Pin blanc
Rue Phydime-Deschênes

20

Pin rouge
Rue Phydime-Deschênes

20

Pin sylvestre
Rue Phydime-Deschênes

21

S.H.

Sapin baumier
Rue Duberger

22

C.M.

Épinette de l'Alberta
Rue Duberger

22

S.H.

Pin blanc
Colline attenante à la rue des Agniers

23

Piéton

Charlesbourg, Trait carré et Parc linéaire

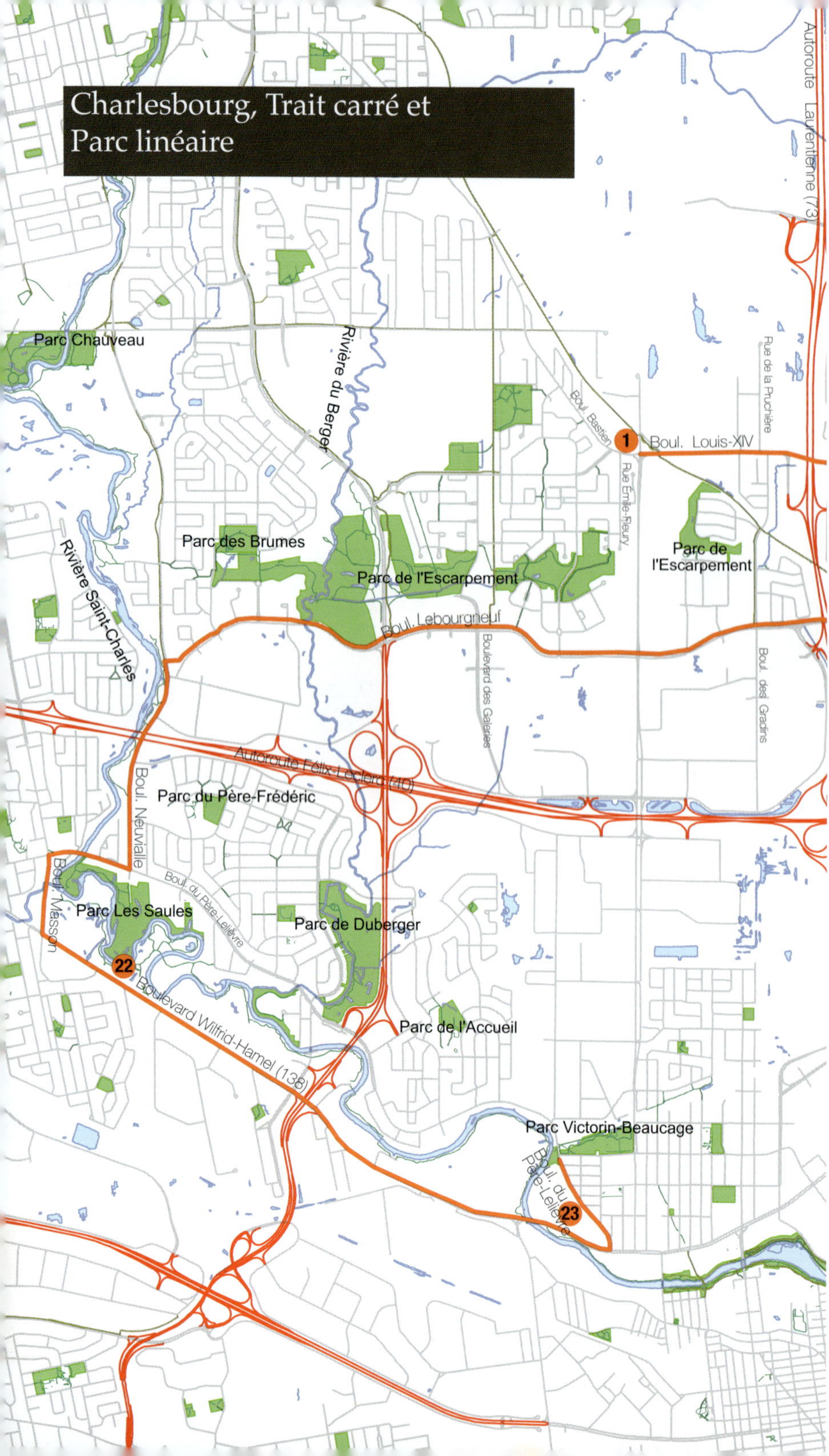

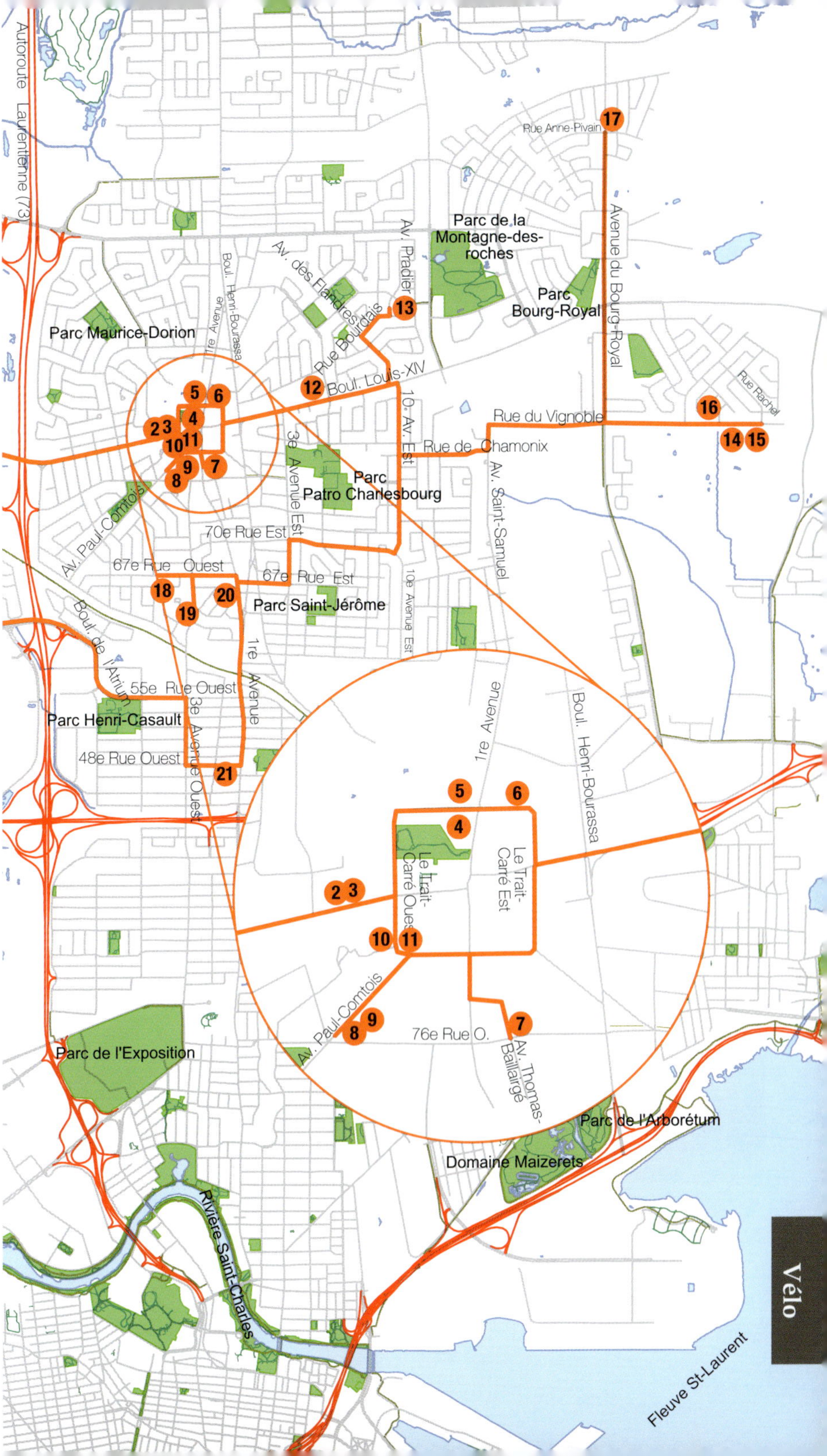
Autoroute Laurentienne (73)
Rue Anne-Pivain
Parc de la Montagne-des-roches
Av. Pradier
Av. des Flandres
Boul. Henri-Bourassa
1re Avenue
Parc Bourg-Royal
Avenue du Bourg-Royal
Parc Maurice-Dorion
Rue Bourdais
Boul. Louis-XIV
Rue Rachel
Rue du Vignoble
10e Av. Est
Rue de Chamonix
3e Avenue Est
Parc Patro Charlesbourg
Av. Saint-Samuel
Av. Paul-Comtois
70e Rue Est
67e Rue Ouest
67e Rue Est
Parc Saint-Jérôme
10e Avenue Est
Boul. de l'Atrium
55e Rue Ouest
1re Avenue
3e Avenue Ouest
Parc Henri-Casault
48e Rue Ouest
Le Trait-Carré Ouest
Le Trait-Carré Est
76e Rue O.
Av. Thomas-Baillargé
Parc de l'Exposition
Parc de l'Arborétum
Domaine Maizerets
Rivière Saint-Charles
Fleuve St-Laurent
1 2 3 4 5 6 7 8 9 10 11 12 13 14 15 16 17 18 19 20 21

1
Départ
Carrefour boulevard Louis-XIV / Corridor des Cheminots

2
3
Érable argenté
Boulevard Louis-XIV, Charlesbourg
Deux spécimens

C.M.

4
Noyer cendré
Trait-Carré, Charlesbourg
Presbytère

C.M.

5
Orme d'Amérique
Trait-Carré, Charlesbourg

6
Orme d'Amérique
Trait-Carré, Charlesbourg
Deux spécimens télescopés

7
Lilas du Japon
Trait-Carré, Charlesbourg

C.M.

8
Aubépine Toba
Avenue Paul-Comtois, Charlesbourg

9
Peuplier deltoïde
Avenue Paul-Comtois, Charlesbourg

C.M.

10
Orme d'Amérique
Trait-Carré, Charlesbourg

C.M.

11
Tilleul d'Europe
Trait-Carré, Charlesbourg

12
Peuplier deltoïde
Boulevard Louis-XIV
Trois spécimens

13
Peuplier de Berlin
Avenue Pradier / rue Bourdais

C.M.

13
Peuplier de Berlin
Avenue Pradier / rue Bourdais

C.M.

C.M.

Orme d'Amérique
Rue du Vignoble
14

C.M.

Orme d'Amérique
Rue du Vignoble
15

C.M.

Peuplier deltoïde
Rue du Vignoble
16

Hêtre à grandes feuilles
Rue Anne-Pivain (deuxième Trait-Carré)
17

C.M.

Érable à Giguère
67e rue Ouest
18

Peuplier noir d'Italie
3e Avenue Ouest
19

C.M.

Mélèze laricin
3e Avenue Ouest
19

Orme d'Amérique
3e Avenue Ouest
19

C.M.

Noyer cendré
1ère avenue
20

Frêne rouge
48e rue Ouest
21

Érable à Giguère
Maison O'Neill
22

C.M.

Frêne rouge
Maison Jésus-Ouvrier
23

Saint-Augustin-de-Desmaures, Cap-Rouge et Champigny

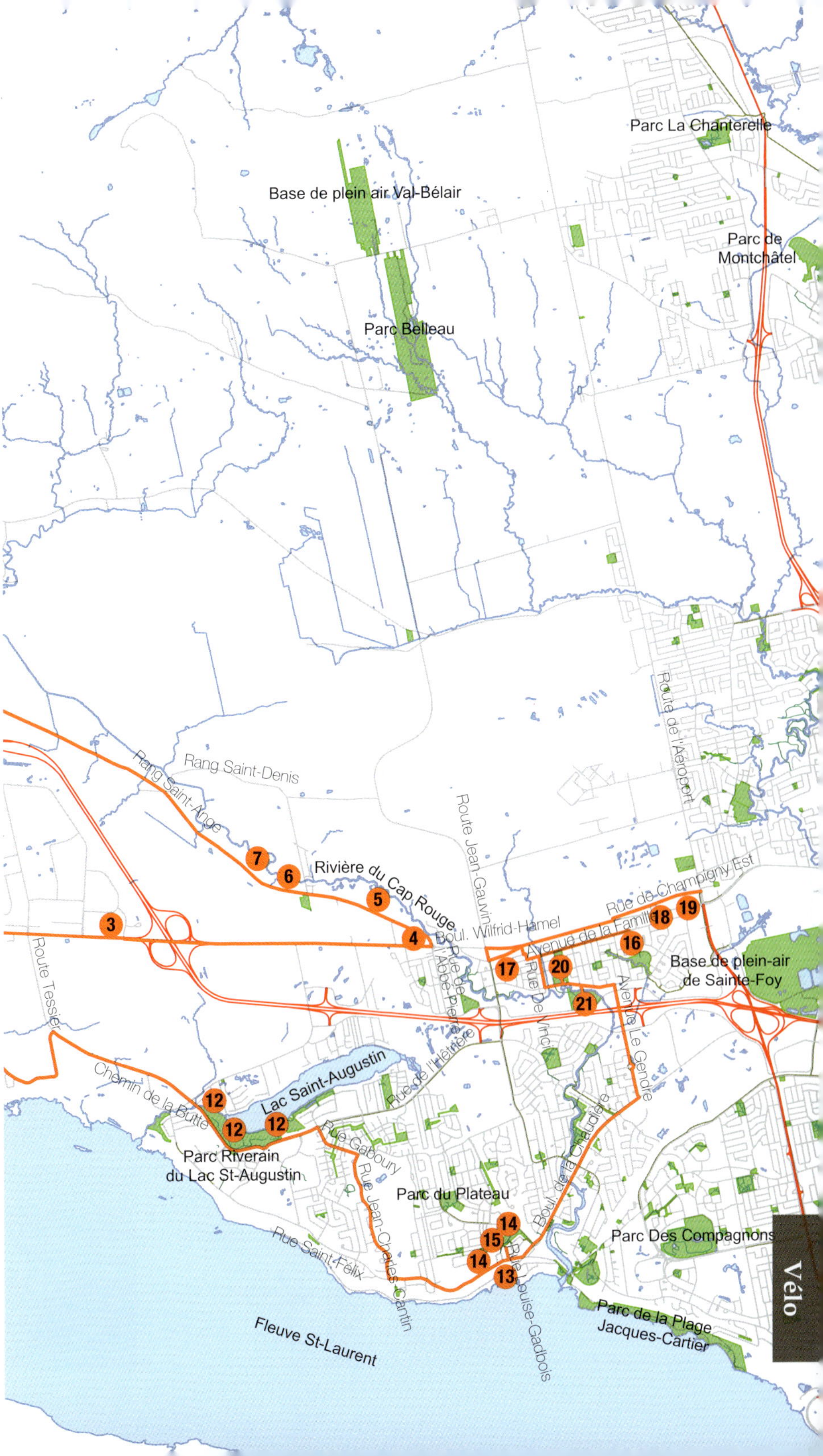
Parc La Chanterelle
Base de plein air Val-Bélair
Parc de Montchâtel
Parc Belleau
Route de l'Aéroport
Rang Saint-Denis
Rang Saint-Ange
Route Jean-Gauvin
Rivière du Cap Rouge
Rue de Champigny Est
Boul. Wilfrid-Hamel
Rue de l'Abbé-Pierre
Avenue de la Famille
Base de plein-air de Sainte-Foy
Route Tessier
Rue De Vinci
Avenue Le Gendre
Rue de l'Hêtrière
Lac Saint-Augustin
Chemin de la Butte
Rue Gaboury
Boul. de la Chaudière
Parc Riverain du Lac St-Augustin
Rue Jean-Charles-Cantin
Parc du Plateau
Parc Des Compagnons
Rue Saint-Félix
Rue Louise-Gadbois
Parc de la Plage Jacques-Cartier
Fleuve St-Laurent
3
4
5
6
7
12
13
14
15
16
17
18
19
20
21

1 **Érable à sucre**
Route 138

2 **Érable à sucre**
Route 138

3 **Mélèze laricin**
Route 138

C.M.

4 **Érable argenté**
Boulevard Wilfrid-Hamel

C.M.

4 **Tilleul d'Amérique**
Boulevard Wilfrid-Hamel

C.M.

5 **Érable à Giguère**
Rang Saint-Ange

6 **Frêne rouge**
Rang Saint-Ange

7 **Chêne rouge**
Rang Saint-Ange

C.M.

8 **Érable à sucre**
4e Rang Ouest

C.M.

9 **Saule fragile hybride**
4e Rang Ouest

C.M.

10 **Aubépine ponctuée**
Carrefour du Chemin du Roy et de la Pépinière Marcel Marin

11 **Peuplier deltoïde**
Portion du Chemin du Roy située à l'est de Neuville

C.M.

12 **Frêne blanc**
Parc Riverain du Lac St-Augustin : Prucheraie de Saint-Augustin

12 **Ostryer de Virginie**
Parc Riverain du Lac St-Augustin : Prucheraie de Saint-Augustin

12 **Pin blanc**
Parc Riverain du Lac St-Augustin : Prucheraie de Saint-Augustin
Six spécimens

12 **Pruche du Canada**
Parc Riverain du Lac St-Augustin : Prucheraie de Saint-Augustin
Plusieurs spécimens

C.M.

Thuya occidental
Parc Riverain du Lac St-Augustin : Prucheraie de Saint-Augustin
12

Frêne blanc
Rue Saint-Félix
13

C.M.
Noyer cendré
Parc de la Carrière
Trois spécimens
14

Tilleul d'Amérique
Parc de la Carrière
15

C.M.
Frêne rouge
Avenue de La Famille
16

C.M.
Mélèze d'Europe
Rue de Champigny Ouest
Deux spécimens
17

Orme d'Amérique
Rue de Champigny Ouest
17

C.M.
Érable rouge cv colonnaire
Rue de Champigny Est
18

C.M.
Noyer cendré
Rue de Champigny Est
19

Noyer cendré
Parc Les Primevères
20

Pin blanc
Parc Les Primevères
20

Noyer cendré
Parc Champigny
21

Quartier les Rivières, Château d'Eau et Mont Bélair

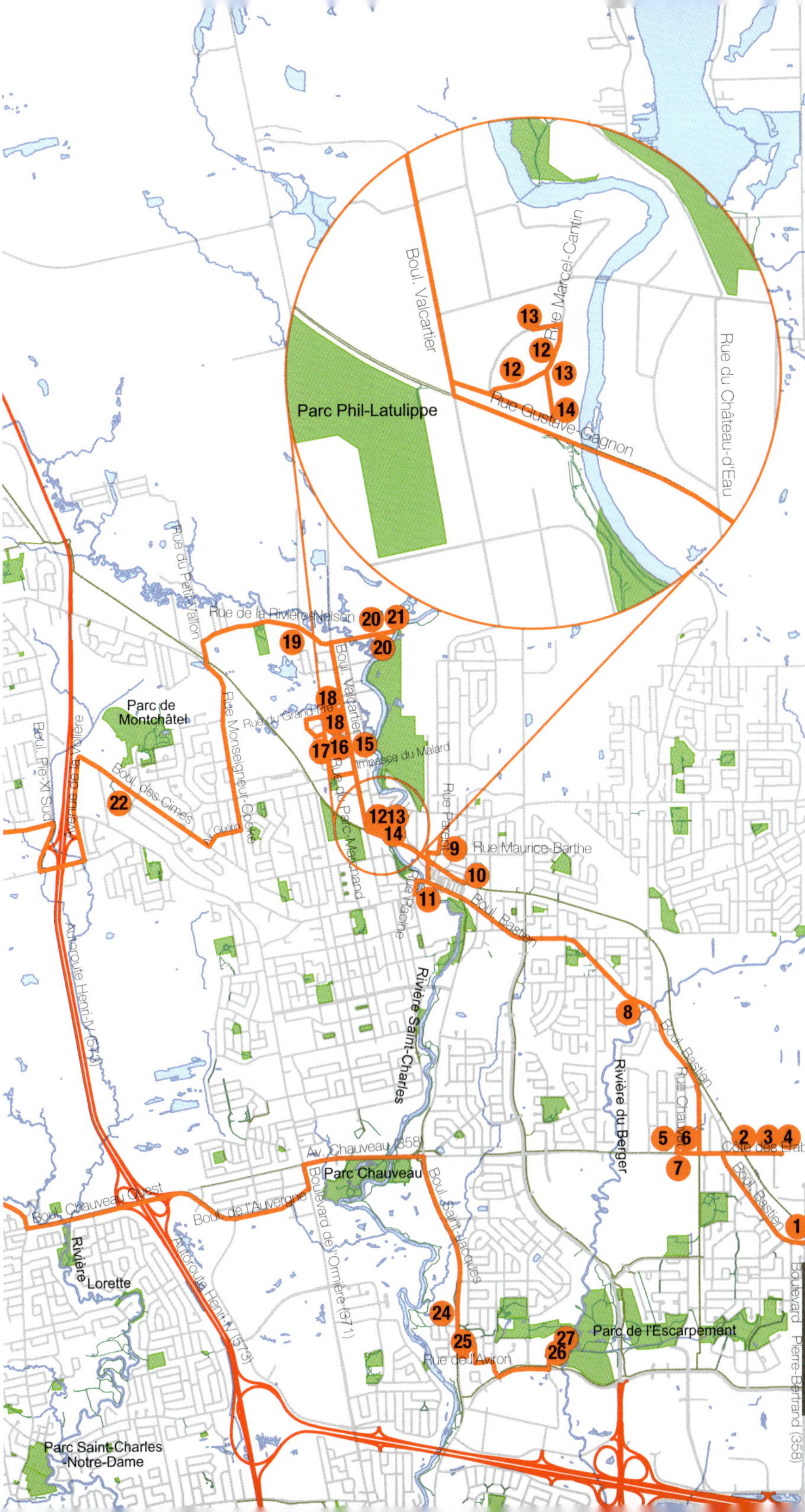

Boul. Valcartier
Rue Marcel-Cantin
Rue du Château-d'Eau
Parc Phil-Latulippe
Rue Gustave-Gagnon
13
12
12
13
14
Rue de la Rivière-Nelson
Rue du Petit-Vallon
20
21
19
20
Boul. Valcartier
Parc de Montchâtel
Rue Monseigneur-Cooke
Rue du Grand-Pré
18
18
17
16
15
Impasse du Malard
Boul. Pie-XI Sud
Avenue de la Volière
Boul. des Cimes
22
Rue du Parc-Marchand
Rue Parent
12
13
14
9
Rue Maurice-Barthe
10
11
Rue Racine
Boul. Bastien
Autoroute Henri-IV (573)
Rivière Saint-Charles
8
Boul. Bastien
Rue Chauvel
Rivière du Berger
5
6
2
3
4
Côte des Érables
7
Av. Chauveau (358)
Parc Chauveau
Boul. Chauveau Ouest
Boul. de l'Auvergne
Boulevard de l'Ormière (371)
Boul. Saint-Jacques
Boul. Bastien
1
Rivière Lorette
Autoroute Henri-IV (573)
24
25
27
26
Parc de l'Escarpement
Rue de l'Aviron
Boulevard Pierre-Bertrand (358)
Parc Saint-Charles-Notre-Dame

1 **Départ**
Carrefour boulevard Louis-XIV / corridor des Cheminots

2 **Orme d'Amérique**
Avenue Chauveau (ancienne Côte des Érables)

3 **Mélèze laricin**
Avenue Chauveau (ancienne Côte des Érables)

C.M.

4 **Pin noir d'Autriche**
Avenue Chauveau (ancienne Côte des Érables)

C.M.

5 **Érable à Giguère**
Rue Chauvet via avenue Chauveau

6 **Peuplier blanc**
Carrefour avenue Chauveau / rue Voltaire

C.M.

7 **Saule esp.**
Avenue Chauveau à l'ouest de Voltaire

8 **Marronnier d'Inde**
Boulevard Bastien vis-à-vis la rue Roland

9 **Mélèze laricin**
Wendake

C.M.

10 **Peuplier deltoïde**
Wendake

11 **Mélèze d'Europe**
Entrée de la rue des Dames Ursulines

12 **Épinette de Norvège**
Quartier de la rue Gustave-Gagnon
Groupe de spécimens

C.M.

12 **Épinette de Norvège**
Quartier de la rue Gustave-Gagnon

13 **Épinette blanche**
Quartier de la rue Gustave-Gagnon

13 **Épinette blanche**
Quartier de la rue Gustave-Gagnon

14 **Épinette blanche**
Quartier de la rue Gustave-Gagnon

C.M.

C.M.

Mélèze de Dunkeld
Boulevard Valcartier et Parc Marchand
Groupe de spécimens

15

C.M.

Mélèze de Dunkeld
Boulevard Valcartier et Parc Marchand

15

C.M.

Pin sylvestre
Boulevard Valcartier et Parc Marchand
Deux spécimens

16

Pin blanc
Rue du Parc-Marchand

17

Pin blanc
Portion nord du boulevard Valcartier

18

Épinette blanche
Rue de la Rivière-Nelson à l'ouest du boul. Valcartier

19

C.M.

Pin blanc
Rue de la Rivière-Nelson
Deux spécimens

20

Pin sylvestre
Rue de la Rivière-Nelson

21

C.M.

Pin blanc
Parc de conservation Jordi-Bonet

22

C.M.

Bouleau jaune
Via avenue de la Montagne Ouest : Mont-Bélair

23

C.M.

Bouleau jaune
Via avenue de la Montagne Ouest : Mont-Bélair

23

Bouleau jaune
Via avenue de la Montagne Ouest : Mont-Bélair
Plusieurs spécimens

23

Peuplier noir d'Italie
Boul. Saint-Jacques

24

Érable à Giguère
Carré des Argiles

25

Peuplier de Berlin
Carré des Argiles

25

Ostryer de Virginie
Parc de l'Escarpement Entrée nord-est Académie St-Louis

26

Pruche du Canada
Parc de l'Escarpement Entrée nord-est Académie St-Louis

27

Le Grand Lévis

Parc de la Martinière
Parc de la Paix (du Mémorial)
Fleuve St-Laurent
Boulevard de la Rive-Sud
Boul. Alphonse-Desjardins
Autoroute Jean-Lesage
Rue de l'Église
Avenue Saint-Augustin
Rue Sainte-Hélène
Rue Saint-Gilbert
Rue Saint-Amable
Rue Saint-Joseph
Rue Monseigneur-Bourget
Rue Jacques-Cartier
Rue Fraser
Rue Saint-Félix
Rue Wolfe
Rue du Mont-Marie
Rue Saint-Georges
Rue Monseigneur-Gosselin
Rue Perreault
Rue Marie-Rollet
Rue Henry
Côte du Passage
Côte Fréchette
Parc Godéric-Blanchet
Parc d'Aubigny
Parc du Capitaine-Bernier
1
2
7
8
9
10
11
12
13
14
15
16
17
18
19

1 **Érable à sucre**
Bernières-Saint-Nicolas
Rue des pionniers / rue André-Bergeron

1 **Sorbier d'Amérique**
Bernières-Saint-Nicolas
Rue des pionniers / rue André-Bergeron

2 **Érable argenté cv pyramidal**
Rue Sainte-Hélène
Édifice municipal

3 **Mélèze d'Europe**
Charny,
Presbytère
Cinq spécimens

4 **Érable argenté**
Charny

5 **Érable rouge**
Avenue des Églises

6 **Saule fragile hybride**
Saint-Romuald

7 **Érable argenté**
Saint-Romuald
Juvénat Notre-Dame

C.M.

7 **Noyer noir**
Saint-Romuald
Juvénat Notre-Dame

7 **Noyer cendré**
Saint-Romuald
Juvénat Notre-Dame

7 **Orme d'Amérique**
Saint-Romuald
Juvénat Notre-Dame

8 **Févier épineux**
Vieux-Lévis et Lévis
Rue Gravel

8 **Frêne blanc**
Vieux-Lévis et Lévis
Rue Gravel

C.M.

8 **Frêne blanc**
Vieux-Lévis et Lévis
Rue Gravel

C.M.

9 **Peuplier grisard**
Vieux-Lévis et Lévis
Groupe de spécimens

C.M.

C.M.

Peuplier grisard
Vieux-Lévis et Lévis
Côte Fréchette
10

Érable de Norvège
Vieux-Lévis et Lévis
Rue Belleau
11

C.M.

Tilleul d'Europe
Vieux-Lévis et Lévis
Rue Belleau
11

Orme d'Amérique
Vieux-Lévis et Lévis
Rue Marie-Rollet
12

Chêne à gros fruits
Vieux-Lévis et Lévis
Rue Déziel
13

C.M.

Noyer cendré
Vieux-Lévis et Lévis
Rue Déziel
13

Orme d'Amérique
Vieux-Lévis et Lévis
Rue Saint-Félix
14

Lilas du Japon
Vieux-Lévis et Lévis
Rue du Mont-Marie
15

C.M.

Orme d'Amérique
Vieux-Lévis et Lévis
Rue Perreault
16

C.M.

Tilleul à grandes feuilles
Vieux-Lévis et Lévis
Rue Saint-Joseph
17

Peuplier deltoïde
Vieux-Lévis et Lévis
Rue Saint-Gilbert
18

C.M.

Pin noir d'Autriche
Vieux-Lévis et Lévis
Rue Saint-Gilbert
19

Giffard, Beauport, Villeneuve, Courville, Parc de la Chute-Montmorency et Île d'Orléans

Parc L'Échouerie
Parc Vachon
Parc d'Ariel
Parc Martin-Prévost
Av. Royale
Côte de Courville
Rue Toussaint
Parc-école aux Quatre-Vents
Av. Royale (360)
Rue Savio
Rue Tanguay
Parc Jean-Mignaux
Rue Boulet
Av. Royale
Rue de la Terrasse-Cadieux
Côte St-Grégoire
Parc Montmorency
Parc Noël-Langlois
Fleuve St-Laurent
9
10
11
12
13
14
15
Chemin Royal
Route du Mitan
Île d'Orléans
Chemin Royal
Chemin Royal
17
18
19
20
21

1
2
3
Érable argenté
Avenue du Monument
Trois spécimens dans les alignements

Mélèze d'Europe
Rue Guimont
4

Érable argenté
Garderie de Lisieux
CPE La Ritournelle
5

Saule fragile hybride
Sentier linéaire de la rivière Beauport, tronçon sud
6
C.M.

Aubépine ponctuée
Jardin communautaire surplombant le Sentier linéaire de la rivière Beauport
7
C.M.

Noyer cendré
Jardin communautaire surplombant le Sentier linéaire de la rivière Beauport
7
C.M.

Érable à Giguère
Boulevard des Chutes
8

Bouleau à papier
Rue de la Belle-Rive
9

Marronnier d'Inde
Rue Savio
10
C.M.

Épinette de Norvège
Avenue Royale, Secteur Ciment Saint-Laurent
11

Mélèze de Dunkeld
Rue de la Terrasse-Cadieux
12

Noyer cendré
Rue de la Terrasse-Cadieux
12

Saule laurier
Côte de Courville
13

Thuya occidental
Parc de la Chute-Montmorency
14
C.M.

Tilleul d'Europe
Avenue Monseigneur-Marc-Leclerc
15
C.M.

Érable à sucre
Saint-Pierre-de-l'Île-d'Orléans (municipalité)
16

C.M.

Chêne rouge
Sainte-Famille (paroisse)
17

Peuplier blanc
Sainte-Famille (paroisse)
18

C.M.

Saule fragile hybride
Sainte-Famille (paroisse)
19

C.M.

Chêne rouge
Type rabougri
Sainte-Famille (paroisse)
20

Mélèze d'Europe
Saint-Jean-de-l'Île-d'Orléans
Manoir Mauvide-Genest
Six spécimens
21

Frêne rouge
Saint-Jean-de-l'Île-d'Orléans
22

Pommetier de Sibérie à fleurs en bouquets 'Transcendant'
Saint-Jean-de-l'Île-d'Orléans
23

Érable de Norvège 'Schwedleri'
Saint-Laurent-de-l'Île-d'Orléans
24

Tilleul d'Europe
Saint-Laurent-de-l'Île-d'Orléans
24

Chêne rouge
Saint-Laurent-de-l'Île-d'Orléans
25

C.M.

Marronnier d'Inde
Saint-Laurent-de-l'Île-d'Orléans
26

Hamamélis de Virginie
Sainte-Pétronille (ville)
Rue des Hêtres
27

Hamamélis de Virginie
Sainte-Pétronille (ville)
Rue Genest
28

Portion piétonne

Quand la propriété est privée, observez à distance en respectant le propriétaire.

Frêne rouge
Sainte-Pétronille (ville)
Rue du Quai
29

C.M.

Peuplier deltoïde
Sainte-Pétronille (ville)
Chemin de l'église
30

Noyer noir
Horatio-Walker
Sainte-Pétronille (ville)
Propriété privée
31

Saule fragile
Horatio-Walker
Sainte-Pétronille (ville)
Propriété privée
31

Peuplier de Caroline
Horatio-Walker
Sainte-Pétronille (ville)
Propriété privée
31

Chapitre 5

Références

Références

« Agroforesterie », dans *La biodiversité mondiale*, sous la direction de Jana M. Johnston, vol. 5, n° 2, automne 1995, 50 p.

« Biodiversité », dans *Quatre-Temps*, sous la direction de Stéphanie Lalut, vol. 32, n° 1, mars 2008, 50 p.

« Biodiversity : The Fragile Web », dans *National Geographic*, sous la direction de Joel L. Swerdlow, n° 2, février 1999, 136 p.

« Écoforesterie », dans *La biodiversité mondiale*, sous la direction de Herb Hammond, vol. 7, n° 2, automne 1997, 66 p.

« La biodiversité des forêts », dans *La biodiversité mondiale*, sous la direction de Jeffrey A McNeely, vol. 6, n° 2, automne 1996, 50 p.

« La biodiversité et les espèces rares et menacées », dans *Quatre-Temps*, sous la direction de Michel Labrecque, vol. 18, n° 3, automne 1994, 68 p.

« Le Japon profite-t-il plus de la biodiversité que la Micronésie », dans *La biodiversité mondiale*, sous la direction de Paul Spencer Sochaczewski, vol. 5, n° 1, été 1995, 50 p.

Abeille. Carnets d'histoire naturelle, Musée canadien de la nature, 8 et 29 novembre 1860.

Angier, B. *Guide des plantes sauvages médicinales*, Éditions Broquet, Québec, 1990, 345 p.

Archive nationale du Québec (ANQQ). Fonds H.G. Joly de Lotbinière – P351. Mémoire d'Auguste Dupuis, le 18 mai 1885, document 3036 ; Lettre de Auguste Dupuis à H.G. Joly, le 4 mai 1896, document 6569 ; Lettre de A. Sylvestre à H.G. Joly, le 5 mai 1896, document 6571.

Art, H. *Fleurs sauvages cultivées dans votre jardin*, Éditions Broquet, Québec, 1995, 172 p.

Association forestière Québec métropolitain. *Guide découverte des parcs naturels de Québec*, Commission de la capitale nationale du Québec, Québec, 2007, 56 p.

Association Québec-France. *Nos rues en fête 1608-2008 : Hommage à nos 400 célébrités et à nos sources françaises : Arrondissement Sainte-Foy-Sillery*, sous la direction de Roger Barrette, Régionale Seigneuries-La Capitale, 2008, 166 p.

Ayotte, Gilles. *Glossaire de botanique : autoformation*, Éditions MultiMondes et Agence Ibis Press, Québec et Paris, 1994, 616 p.

Beaudoin, Marie-Fleurette et Anne Charpentier. *Les arbres remarquables du jardin botanique de Montréal*, Collection SAJIB, Éditions du Trécarré, Saint-Laurent, 1990, 196 p.

Bir, R. *Growing and Propagating Showy Native Woody Plants*, The University of North Carolina Press, USA, 1992, 192 p.

Blanchette, Danielle. *Découvrir la Grande Allée*, Gouvernement du Québec, Québec, 1984, 177 p.

Brann, Esther. *Notes et Croquis sur Québec*, Québec, Château Frontenac, 1926, p. 12.

Brosse, Jacques. *Larousse des arbres : dictionnaire des arbres et des arbustes*, Larousse/S.E.J.E.R., 2004, 576 p.

Casgrain, Henri-Raymond. *Histoire de la Mère Marie de l'Incarnation*, Tome premier, G. E. Desbarats, Québec, 1864, 465 pages.

Centre de données sur le patrimoine naturel du Québec. *Les plantes vasculaires menacées ou vulnérables du Québec*, 3e édition, Gouvernement du Québec, ministère du Développement durable, de l'Environnement et des Parcs, Direction du patrimoine écologique et des parcs, 2008, 180 p.

Coombes, Allen. J. *Les arbres : le guide visuel de plus de 500 espèces d'arbres à travers le monde*, trad. de Eyewitness Handbook-Trees, Collection L'œil nature, Bordas, Paris, 1993, 320 p.

Cournoyer, Jean. *La mémoire du Québec de 1534 à nos jours : répertoire des noms propres*, Les Éditions Alain Stanké, Montréal, 2001, 1861 p.

DARVEAU, P. *Guide des fleurs sauvages du Québec*, Guérin éditeur, Montréal, 1998, 254 p.

DEPARTMENT OF AGRICULTURE. *Silvics of North America*, Russell M. Burns et Barbara H. Honkala, tome 1, Conifers : Agricultural Handbook n° 654, 1990, 683 p. ; tome 2, Hardwoods : Agricultural Handbook n° 654, U. S. Department of Agriculture, Forest Service, Washington DC, 1990, 877 p.

DESCHÊNES, Gaétan. *Histoire de l'horticulture au Québec*, Éditions du Trécarré, 1996, 187 p.

DIRR, Michael A. *Manual of Woody Landscape Plants : Their Identification, Ornamental Characteristics, Culture, Propagation and Uses*, 4ᵉ édition, Stipes Publishing L.L.C, Champaign, Illinois, 1990, 1007 p.

DIVISION OF TIMBER MANAGEMENT RESEARCH. *Silvics of Forest Trees of the United States : Agriculture Handbook*, n° 271, U. S Department of Agriculture, Forest Service, Washington, DC, 1965, 762 p.

ELIAS, Thomas S. *The Complete Trees of North America*, a Field Guide and Natural History, Gramercy Publishing Company, New York, 1987, 948 p.

ENRACINART. *Les arbres remarquables, des trésors à conserver* : Petit guide du conservateur, Québec, 2007, 18 p.

FARJON, Aljos. *A Natural History of Conifers*, Timber Press, Portland, 2008, 304 p.

FARRAR, John Laird. *Les arbres du Canada*, Fides et Service canadien des forêts/Ressources naturelles Canada, avec la collaboration du Groupe Communication Canada-Édition, Approvisionnements et Services Canada, Saint-Laurent, Montréal, 1996, 502 p.

FARRAR, John Laird. *Trees in Canada*, Fitzhenry & Whiteside Limited et Service canadien des forêts/Ressources naturelles Canada, avec la collaboration du Groupe Communication Canada-Édition, Approvisionnements et Services Canada, Markham, 1995, 502 p.

FISCHESSER, Bernard. *Connaître les arbres*, Éditions Nathan, Paris, 1995, 351 p.

FORTIN, D. et M. FAMELART. *Arbres, arbustes et plantes herbacées du Québec et de l'est du Canada*, tome 1, 1989, 193 p. ; tome 2, 1990, 315 p. ; Éditions du Trécarré, Saint-Laurent.

FOSTER, S. et J. DUKE. *A Guide to Medicinal Plants and Herbs of Eastern and Central North America*, 2ᵉ édition, The Peterson Field Guides, Houghton Mifflin, Boston, 2000, 415 p.

GADOURY, Marc. *Sir Henri-Gustave Joly de Lotbinière : visionnaire et promoteur de la conservation des forêts au Québec, à la fin du XIXᵉ siècle*, mémoire de maîtrise, Université Laval, Québec, 1998, 125 p.

GAGNON, Ernest. *Le Fort et le Château Saint-Louis (Québec) : étude archéologique et historique*, Librairie Beauchemin, Montréal, 1925, 204 p.

GAGNON-PRATTE, France. *L'architecture et la nature à Québec au dix-neuvième siècle*, ministère des Affaires culturelles, Musée du Québec, Québec, 1980, 334 p.

GERMAIN, George-Hébert. « Suzanne Hardy : À la rencontre de l'arbre admirable », dans *Quatre-temps*, vol. 31, n° 2, juin 2007, p. 28-29.

GRENON, Pierre. *Le parc des champs de bataille nationaux : un jardin anglais au cœur de Québec*, Québec, Presses de l'université Laval, 1978, 135 p.

HARDY, Suzanne. « À la découverte des arbres exceptionnels », dans *Francvert*, vol. 15, n° 3, juin-juillet 2008, p. 20 à 25.

HARDY, Suzanne. « L'adieu aux armes », « Noyer cendré », « Tilleul Européen », « Ormes d'Amérique-notable », « Févier Épineux », « Orme de Camperdown », « L'emblème de Québec », dans *Les arbres remarquables du Québec*, Répertoire, Forêt conservation, Québec, 1994, p. 9, 13, 17, 21, 23, 28, 33.

HARDY, Suzanne. « Plaines d'Abraham : où la forêt urbaine rejoint l'histoire », dans *Forêt conservation*, vol. 60, n° 4, juillet-août 1993, p. 15 à 18.

HARDY, Suzanne. « Quelques arbres remarquables du Québec », dans *Quatre-temps*, vol. 31, n° 2, juin 2007, p. 30 à 32.

HARLOW, William M., HARRAR Ellwood S. et Fred M. WHITE. *Textbook of Dendrology*, Covering the Important Forest Trees of the United States and Canada, 6ᵉ édition, McGraw-Hill Book Company, New York, St- Louis, San Francisco, Auckland, Toronto, 1979, 510 p.

HAWKINS, Alfred. *Hawkin's Picture of Quebec : with Historical Recollections*, Neilson & Cowan, Québec, 1834, 477 p.

HIGHTSHOE, Gary L. *Native Trees, Shrubs, and Vines for Urban and Rural America : A Planting Design Manual for Environment Designers*, Van Nostrand Reinhold, New York, 1988, 819 p.

HILLIER NURSERIES (WINCHESTER) LIMITED. *The Hillier Manual of Trees & Shrubs*, 6ᵉ édition, David & Charles plc., Devon, 1991, 704 p.

HOPKINSON, P. *et al. Herb Gardening*, Pantheon Books, New York, 1994, 224 p.

HOSIE, R. *Arbres indigènes du Canada*, Éditions Fides, Montréal, 1980, 389 p.

HUBERT, Marie-Luce et Jean-Louis KLEIN. *Connaître les arbres*, Éditions S.A.E.P., Colmar, 1991, 171 p.

HYDRO-QUÉBEC. *Répertoire des arbres et arbustes ornementaux*, 1re édition, 1998, 746 p.; 3e édition, Hydro-Québec, Broquet, Québec, 2006, 560 p.

IMES, R. *Wildflowers : How to Identify Flowers in the Wild and How to Grow them in your Garden*, Key Porter Books, Toronto, 1992, 160 p.

JACOBSON, Arthur Lee. *North American Landscape Trees*, Ten Speed Press, Berkeley, 1996, 722 p.

JACOBSON, Arthur Lee. *Trees of Seattle : The Complete Tree-Finder's Guide to the City's 740 Varieties*, Sasquatch Books, Seattle, 1989, 440 p.

JOHNSON, Hugh. *The International Book of Trees : A Guide and Tribute to the Trees of our Forests and Gardens*, Simon and Schuster, New York (aussi Mitchell Beazley Publishers Limited, Londres) 1973, 288 p.

L'Électeur. 7 juillet 1886, p. 2.

L'Événement. 16 mai 1883; 17 mai 1883; 7 et 13 mai 1884.

LACOMBE, Gilles. « Un témoin millénaire : Le Ginkgo biloba », dans *Les Amis du Jardin Van den Hende*, vol. 15, n° 4, hiver 1999, p. 13-18.

LACOURSIÈRE, E. et J. THERRIEN. *Fleurs sauvages du Québec*, Éditions de l'Homme, Montréal, 1998, 272 p.

LAMOUREUX, G. *et al. Plantes sauvages printanières*, Éditeur officiel du Québec, Québec, 1975, 248 p.

LAMOUREUX, G. et P. NANTEL. *Cultiver des plantes sauvages… sans leur nuire*, Fleurbec éditeur, Québec, 1999, 80 p.

LAURIAULT, Jean. *Guide d'identification des arbres du Canada*, Musée national des sciences naturelles, Musées nationaux du Canada et Éditions Marcel Broquet, Saint-Constant, 1987, 551 p.

LAWRENCE, Henry W. *City Trees*, A Historical Geography from the Renaissance through the Nineteenth Century, University of Virginia Press, Charlottesville et Londres, 2006, 336 p.

Le Journal de Québec. 16 mai 1883, 13 mai 1884, 19 mai 1885.

Le Soleil. 7 mai 1907.

LEBEL, Jean-Marie. *Québec 1608-2008 : Les chroniques de la capitale*, Chroniques de La Capitale mutuelle de l'administration publique du Québec par Yves Hébert, Presses de l'université Laval, Québec, 2008, 760 p.

LEBEL, Jean-Marie et Alain ROY. *Québec 1900-2000 : le siècle d'une capitale*, collection La bibliothèque de la capitale nationale, Commission de la capitale nationale et Les Éditions Multimondes, Québec, 2000, 157 p.

LUPIEN, Patrick. *Des feuillus nobles en Estrie et au Centre-du-Québec : Guide de mise en valeur*, Association forestière des Cantons de l'Est, Sherbrooke, 2006, 268 p.

MACPHERSON LE MOINE, James. *L'album du touriste : archéologie, histoire, littérature, sport*, Augustin Côté, Québec, 1872, 385 p.

MACPHERSON LE MOINE, James. *Monographies et esquisses*, G.J. Gingras, Québec, 1885, 478 p.

MARIE-VICTORIN, Frère. *Flore laurentienne*, 1re édition, 1964, 927 p.; 2e édition entièrement revue et mise à jour par Ernest Rouleau, Presses de l'université de Montréal, Montréal, 1995, 1084 p.

MATHIEU, Jacques et Eugen KEDL. *Les plaines d'Abraham : le culte de l'idéal*, Les éditions du Septentrion, Sillery, 1993, 312 p.

MCVICAR, J. *La passion des herbes et comment les cultiver*, Guy Saint-Jean Éditeur, Laval, 2000, 256 p.

MELANÇON, Yves. *L'aménagement des parcs des Champs de Bataille et Victoria à Québec : une hypothèse structurale*, thèse de troisième cycle, Université Laval, Québec, 1997.

MERCIER, Louise. *La maison Henry-Stuart : Le temps retrouvé*, en collaboration avec France Gagnon Pratte et Marie Nolet, Éditions Continuité et Conseil des monuments et sites du Québec, Québec, 2008, 79 p.

MICHEL, Pierre-François. *Ginkgo biloba, L'arbre qui a vaincu le temps*, Éditions du Félin et World Wildlife Fund, Paris, 1999, 108 p.

MILLSPAUGH, C. *American Medicinal Plants*, Dover Publications, New York, 1974, 806 p.

MITCHELL, Alan F. *The Guide to Trees of Canada and North America*, Prospero Books, a division of Chapters, Toronto, 1999, 199 p.

MITCHELL, Alan F. *Tous les arbres de nos forêts*, Collection un multiguide nature, Elsevier Séquoia, Paris-Bruxelles, 1977, 414 p.

MORE, David et John WHITE. *The Illustrated Encyclopedia of Trees*, Timber Press, Portland, 2002, 800 p.

MUSÉE DE LA CIVILISATION. Fonds d'archives du Séminaire de Québec, S.M.E., 22 juillet 1941 ; Grand Livre, F.5, 4 décembre 1861 ; Séminaire 113, n° 13, 26 décembre 1861 ; S.M.E. 5 octobre 1862 ; Séminaire 117, n° 13 ; Z-165 ; Z-166 ; loc. T. 213, n° 2 ; Z-137 ; loc. T-214, n° 28 ; Z-166 ; loc. T-213, n° 2 ; Z-214 ; loc. SEM-202 ; n° 162 ; Séminaire 117, n° 13, Séminaire 117, n° 5c. ; Séminaire 315, n° 64 et n° 65 ; S.M.E. 17 octobre 1887 ; Séminaire 118, n° 111, 14 juillet 1890 ; S.M.E. 18 novembre 1901 ; S.M.E., 1er avril 1907 ; S.M.E. 18 mai 1885 ; Université 180, n° 62, 6 février 1909 ; Séminaire 141, n° 34f, 21 avril 1913 ; Séminaire 141, n° 35, 28 avril 1913 ; S.M.E. 4 novembre 1860.

NELLES, Henri Vivian. *L'histoire spectacle : le cas du tricentenaire du Québec*, Éditions du Boréal, Montréal, 2003, 359 p.

NEWCOMB, L. *Guide des fleurs sauvages du Québec et de l'est de l'Amérique du Nord*, Éditions Broquet, Québec, 1996, 495 p.

OFFICE NATIONAL DES FORÊTS (ONF). Dossier « Arbres remarquables, un trésor vivant », dans *Arborescences*, sous la direction de Romane Camus, n° 92, septembre-octobre 2001, 50 p.

ORDRE DES INGÉNIEURS FORESTIERS DU QUÉBEC. *Dictionnaire de la foresterie-Dictionary of forestry*, Marc Côté, Les Presses de l'Université Laval, Québec, 2000, 473 p.

PAULETTE, Claude. *Giffard : un souvenir des Jésuites*, Ville de Beauport, Beauport, 1994, 18 p.

PEATTIE, Donald Culross. *A Natural History of Trees of Eastern and Central North America*, Houghton Mifflin Company, Boston, 1950.

PEATTIE, Donald Culross. *A Natural History of Western Trees*, Houghton Mifflin Company, Boston, 1953, 750 p.

PHILLIPS, H. *Growing and Propagation Wild Flower*, Chapel Hill, USA, 1985, 332 p.

PLOTNIK, Arthur. *The Urban Tree Book : An Uncommon Field Guide for City and Town Identification*, Enjoyment and Lore for 200 Species Across North America, Arboretum Morton, Three Rivers Press, New York, 2000, 432 p.

QUARTIER, Alexandre. *Guide des arbres et arbustes d'Europe*, Pierre Bauer-Bovet, Éditions Delachaux et Niestlé S. A., Neufchâtel, 1973, 259 p.

RAYNOLDS, Phyllis C. et Elizabeth F. DIMON. *Trees of Greater Portland*, Timber Press, Oregon, 1993, 218 p.

REHDER, Alfred. *Manual of Cultivated Trees and Shrubs Hardy in North America Exclusive of the Subtropical and Warmer Temperate Regions*, Second Edition Revised and Enlarged, Dioscorides Press, Portland, 1940, 996 p.

Revue Canadienne. 1867, p. 317.

ROULEAU, R. *Petite flore forestière du Québec*, Publications du Québec, Québec, 1990, 251 p.

ROY, Pierre-Georges. *À travers l'histoire des Ursulines de Québec*, s.n., Québec, 1939, p. 198.

SARGENT, Charles Sprague. *Manual of the Trees of North America (Exclusive of Mexico)*, Houghton Mifflin Company et The Riverside Press Cambridge, Boston et New York, 1933, 910 p.

SCHNEIDER, A. *Plantes sauvages médicinales, les reconnaître, les cueillir, les utiliser*, Éditions de l'Homme, Montréal, 1999, 304 p.

SCHOFIELD, J. *Discovering Wild Plants*, Alaska Northwest Books, Washington, 1992, 355 p.

SERVICE DE L'AMÉNAGEMENT DU TERRITOIRE DE LA VILLE DE QUÉBEC. *Parcours cyclables*, Office du tourisme de Québec, Québec, 2008.

SHARON, Y. et F. GILES. *Shade Trees for the Central Northem United States and Canada*, Stipes Publishing, Champaign, 1992, 290 p.

SHERK, L. et A. BUCKLEY. *Arbustes ornementaux pour le Canada*, ministère de l'Agriculture du Canada, Ottawa, 1972, 189 p.

SHIGO, Alex L. *A New Tree Biology Dictionary*, Terms, Topics and Treatments for Trees and Their Problems and Proper Care, Shigo & Trees, Associates LLC, Snohomish, 1986, 132 p.

SHIGO, Alex L. *A New Tree Biology, Facts, Photos, and Philosophies on Trees and their Problems and Proper Care*, 2e édition. Shigo and Trees, Associates LLC, Snohomish, 1989, 618 p.

SMITH, Frédéric. *Domaine de Maizerets*, Collection Les Guides des jardins du Québec, Éditions de l'Homme et Commission de la capitale nationale, 2005, Montréal, 96 p.

SMITH, J. et L. PARROT. *Arbres, arbustes, arbrisseaux du Québec : comment les identifier en toutes saisons*, Publications du Québec, Québec, 1984, 158 p.

Soper, J. et M. Heimburger. *Shrubs of Ontario*, A life Science Miscellaneous Publication of the Royal Ontario Museum, Toronto, 1982, 495 p.

Sternberg, Guy et Jim Wilson. *Native Trees for North American Landscapes : from the Atlantic to the Rockies*, Timber Press, Portland et Cambridge, 2004, 552 p.

Storm, Dunlop. *Le climat, raison d'une inquiétude*, Éditions Gründ, 2007, 288 p.

Straley, Gerald B. *Trees of Vancouver : A Guide to the Common and Unusual Trees of the City*, University of British Columbia Press, Vancouver, 1992, 234 p.

Todd, Frederick G. *Report from Frederick G. Todd on the Plans for the National Battlefield Park*, 15 novembre 1909, 18 p.

Turmel, André, et Louis Guay. « Une sociologie historique des problèmes urbains. La montée de l'État aménagiste », *Cheminements, L'État au Québec : perspectives d'analyse et expériences historiques*, 2008, p. 33.

Vallières, Marc, *et al. Histoire du Québec et de sa région*, Collection Les régions du Québec, tome I, Des origines à 1791 ; tome II, 1792-1939 ; tome III, 1940-2008 ; Québec, Presses de l'université Laval, 2008, 2200 p.

Ville de Québec. *Arrondissement de Charlesbourg*, 2008, 54 p. ; *Lebourgneuf : un cadre champêtre*, 1988, 27 p. ; *Montcalm Saint-Sacrement, nature et architecture : complices dans la ville*, 1988, 75 p. ; *Neufchâtel, Duberger Les Saules : de seigneurie en banlieu*, 1988, 56 p. ; *Saint-Jean-Baptiste : entre faubourg et centre-ville*, 1988, 72 p. ; *Saint-Roch : un quartier en constante mutation*, 1987, 54 p. ; *Saint-Sauveur : à l'image du début du siècle*, 1987, 50 p. ; *Vieux-Québec Cap-blanc : place forte et port de mer*, 1989, 80 p., Collection Les Quartiers de Québec, Ville de Québec, Québec.

Ville de Québec. *Évaluation patrimoniale des couvents, monastères et autres propriétés de communautés religieuses situés sur le territoire de la ville de Québec*, Patri-Arch, Ville de Québec, Québec, 2006.

Ville de Québec. *Villes et villages d'art et de patrimoine : Histoire de raconter Le faubourg Saint-Jean*, Arrondissement de la Cité, 2006, 32 p. ; *Villes et villages d'art et de patrimoine : Histoire de raconter Le Quartier Saint-Sauveur*, 2008, 24 p. ; *Villes et villages d'art et de patrimoine : Histoire de raconter Le Vieux-Wendake & Loretteville*, 2005, 56 p. ; Collection Itinéraires histoire et patrimoine, Ville de Québec, Québec.

Waterway, M. et H. Rimmer. *Plant Family Album, An Interactive Botanical Review*, CD-Rom, 1996.

Wyman, Donald. *Trees for American Gardens*, 3e édition, Macmillan Publishing, New York, Toronto, Oxford, Singapour, Sydney, 1990, 501 p.

Young, J. et C. Young. *Seeds of Wildland Plants*, Timber Press, Oregon, 1986, 236 p.